고대 초고도 문명의 증거

고대 초고도 문명의 증거

사라진 문명의 발자취를 찾는 여정

유자심 지음

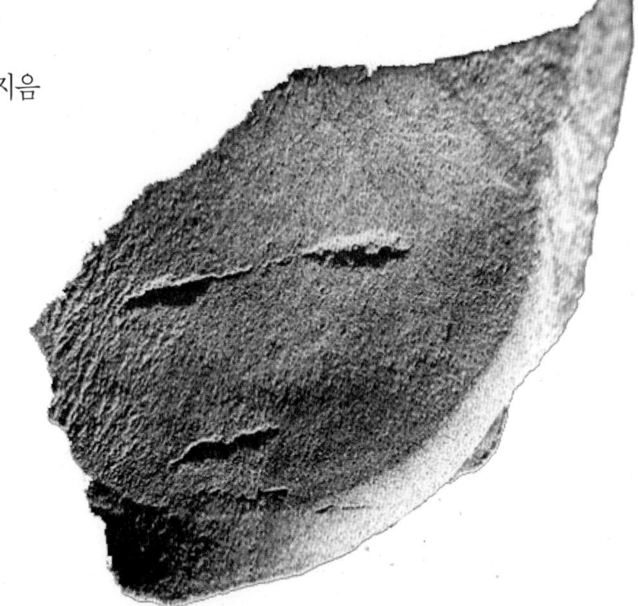

인왕출판사

머리글

전작에서 고인돌, 암각화, 공룡발자국 화석 그리고 산과 계곡의 바위에 생명형상이 새겨져 있음을 알렸는데, 많은 형상이 중첩되어, 뚜렷하게 구분되지 않아서인지 형상의 존재가 공인되지 않았다.

이후 구석기에도 생명형상이 새겨져 있음을 발견하였다.

구석기와 고인돌, 암각화, 공룡발자국 화석에 일관되게 동일한 방식으로 생명형상이 새겨져 있다는 것인데, 기존에 다루지 않은 자료의 분석을 통해 이들이 동일한 주체에 의해 조성된 것인지 추정해 보고자 한다.

그리고 형상을 조성할 때, 착암기가 사용된 증거를 제시하여, 고대에 기계장치를 사용한 문명이 있었으며, 이 문명이 산과 계곡의 바위에 생명형상을 새겼음을 입증하고자 한다. 이를 통해, 현재 우리가 즐기는 바위와 관련된 자연의 비경은 대부분 자연적으로 형성된 것이 아니며, 고대의 초고도 문명에 의한 선물이었음이 분명해질 것으로 생각된다.

차례

머리글 / 5

1장. 구석기의 생명형상 • 9

1. 구석기의 인물상 • 10
   - (1) 홈으로 눈과 입을 표시 • 10
   - (2) 선으로 눈과 윤곽선을 표시 • 16
   - (3) 입이 뚜렷한 형상 • 20
   - (4) 부조의 형상 • 24
   - (5) 색감을 이용한 형상 • 39
2. 구석기의 제작 기법 • 43
3. 구석기의 실체 • 55

2장. 고인돌의 생명형상 • 57

1. 고인돌 바위와 풍화 • 58
2. 강화 고인돌 • 61
   - (1) 부근리 고인돌 • 61
   - (2) 부근리 점골 고인돌 • 83
   - (3) 신삼리 고인돌 • 91
3. 연천 고인돌 • 96
4. 언양 고인돌 • 108

3장. 고인돌의 조성 시기 • 149

1. 화순의 청동기 유물 • 150
2. 구석기의 제작기법으로 새겨진 고인돌의 인물상 • 152
3. 뗀석기의 출토 • 156

4장. 고인돌의 축조 방법 • 163

5장. 암각화의 생명형상 • 175

1. 포항 칠포리 암각화 • 176
2. 경주 석장동 암각화 • 190
3. 문양의 의미 • 203
4. 암각화와 문자 • 214

6장. 공룡발자국 화석과 돌개구멍의 의미 • 233

1. 순창 공룡발자국 화석지 • 236
2. 돌개구멍과 순창 요강바위 • 267
3. 암각화와 공룡발자국 화석 • 294

7장. 고대 초고도 문명의 증거 • 327

1. 바위를 자른 증거 • 329
2. 착암기의 사용 • 346

8장. 생명형상의 모든 유형 • 377

1. 하천 암반의 형상과 물의 눈 • 378
2. 바위의 색감 • 398
3. 옮겨진 바위 • 415
4. 암반의 형상 • 433
5. 다듬어진 산하 • 457

맺는 글 / 476

1장

구석기의 생명형상

고인돌, 암각화, 공룡발자국 화석, 산과 계곡의 바위에 생명형상이 새겨져 있듯이, 구석기에도 생명형상이 새겨져 있으며, 특히 인물상 위주로 새긴 듯하다.

구석기에 나타난 인물상을 살펴보고, 인물상을 새긴 방법과 도구를 추정해 보기로 하자.

1. 구석기의 인물상

(1) 홈으로 눈과 입을 표시

땅속에 묻혀 있어 풍화와 관련이 없는 구석기에 패인 홈이 눈과 입을 표시한다.

전곡 유적지 출토: 전곡 구석기 유적관 소장

다른 방향에서 바라본 인물상

파주 주월리·가월리 유적: 서울대 박물관

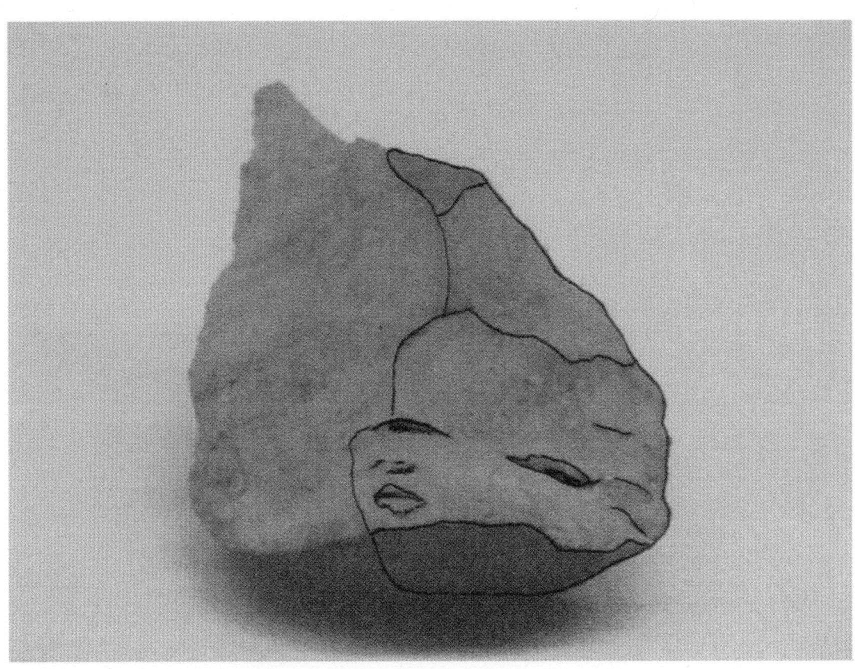

공주 석장리 유적:『금강의 구석기 문화』, 국립 공주 박물관 간행

진안 진그늘 유적:『금강의 구석기 문화』

선과 부조로 윤곽선을 이루고 홈이 눈을 나타낸다.

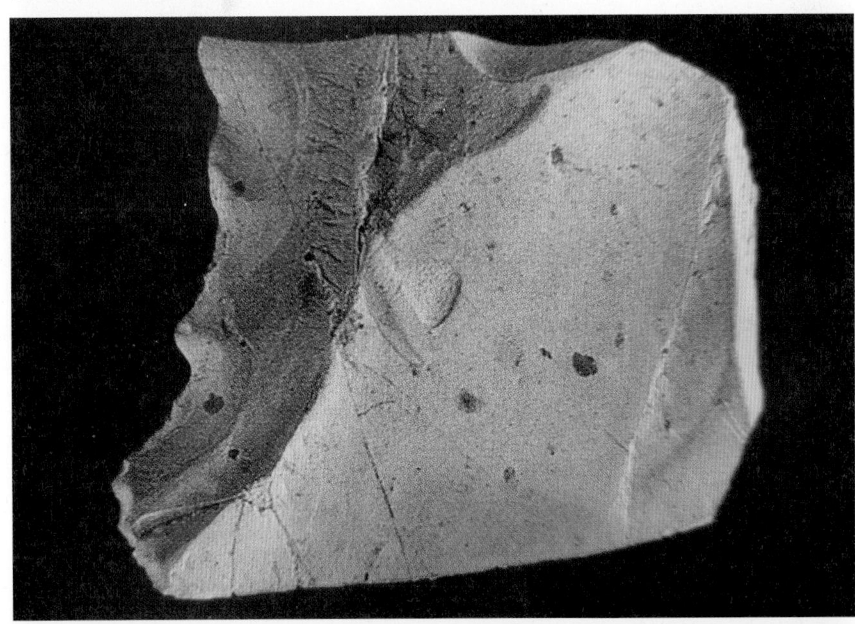

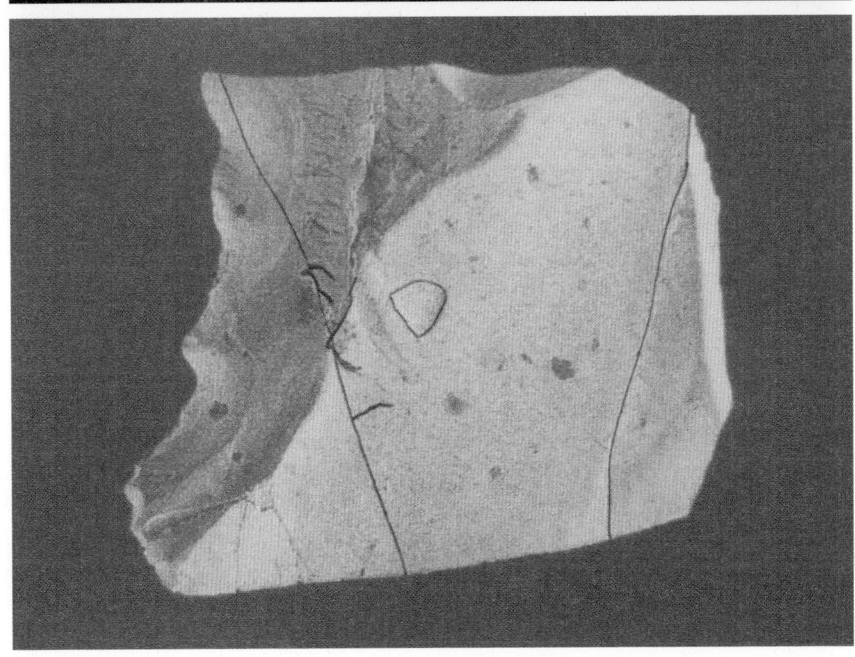

(2) 선으로 눈과 윤곽선을 표시

파주 주월리·가월리 유적:『한국의 구석기』, 연세대 박물관 간행

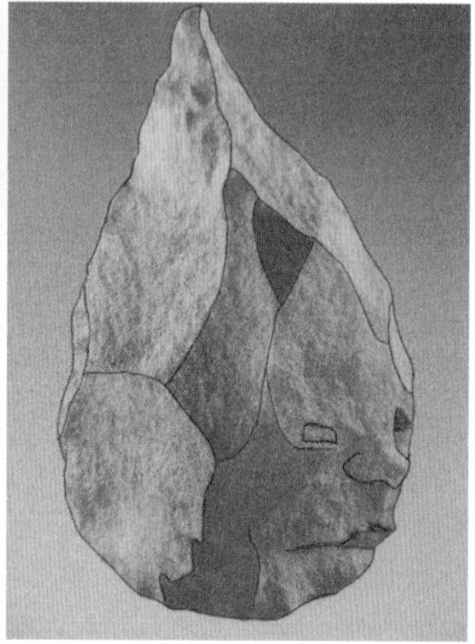

위 구석기를 거꾸로 보았을 때 나타난 인물상

선이 형상의 윤곽선을 나타낸다.

파주 금파리 유적:『한국의 구석기』

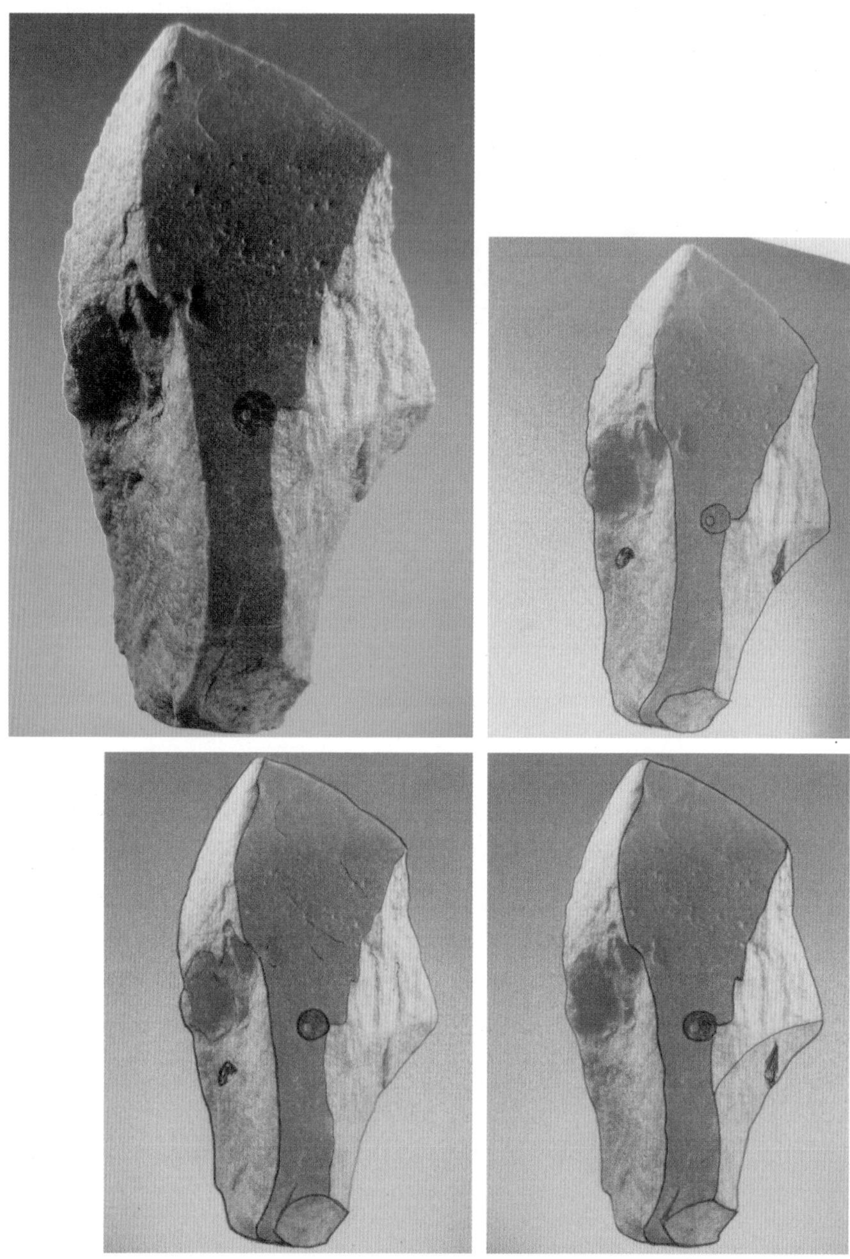

제천 창내 유적:『한국의 구석기』

선을 그어 형상의 윤곽선을 나타냈다.

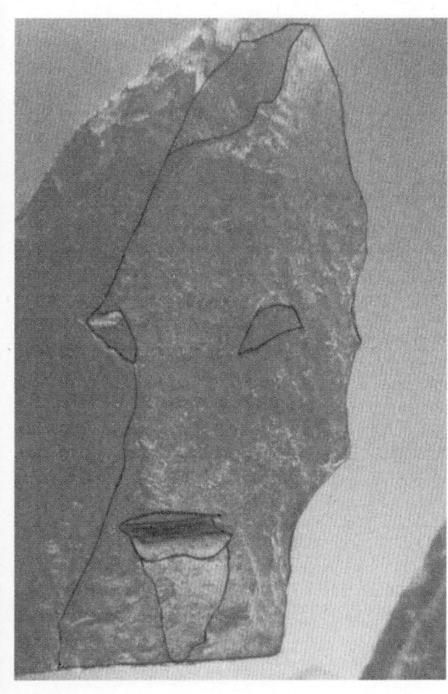

(3) 입이 뚜렷한 형상

공주 석장리 유적: 『금강의 구석기 문화』

해운대 중동·좌동 유적:『한국의 구석기』

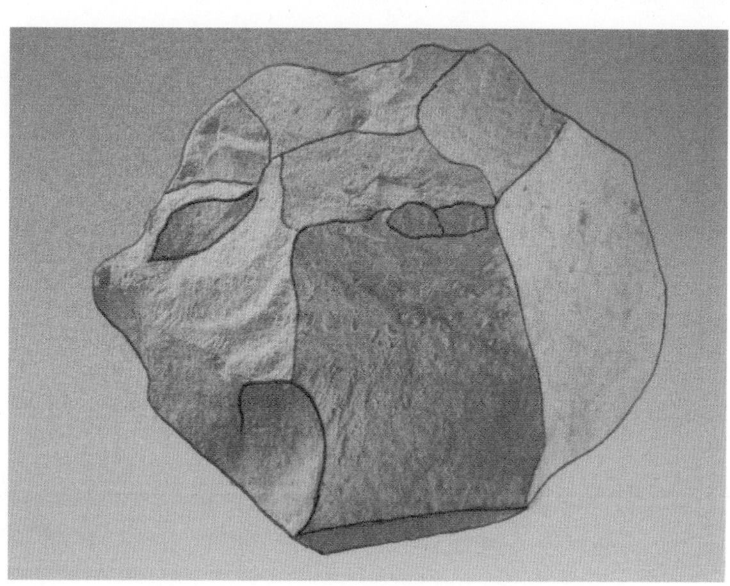

제천 창내 유적: 『한국의 구석기』

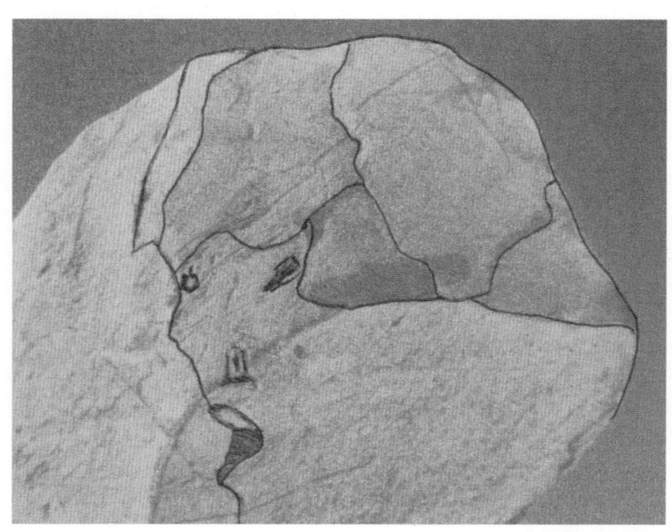

공주 석장리 유적:『금강의 구석기 문화』

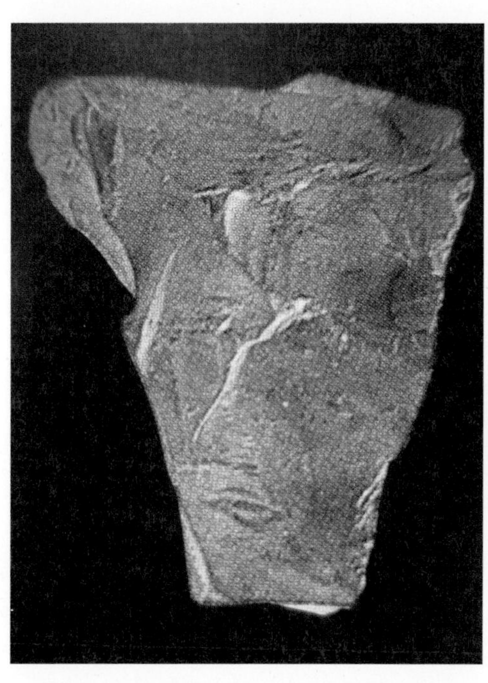

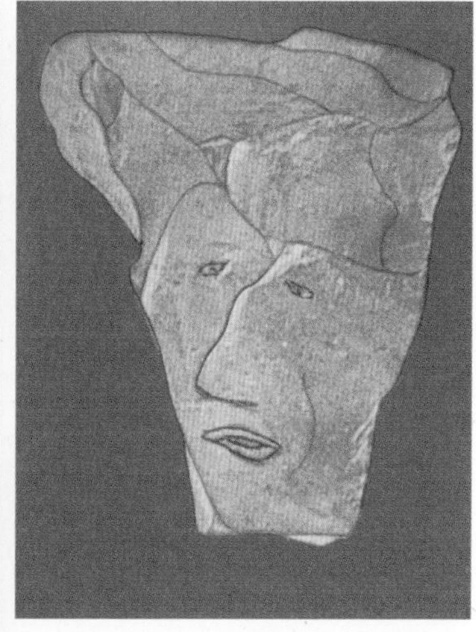

(4) 부조의 형상

공주 석장리 유적: 석장리 박물관

신안 압해도 세천 유적:『한국의 구석기』

단양 수양개 유적: 『한국의 구석기』

광주 삼리 유적: 전곡 선사 박물관

대전 노은동 유적: 『금강의 구석기 문화』

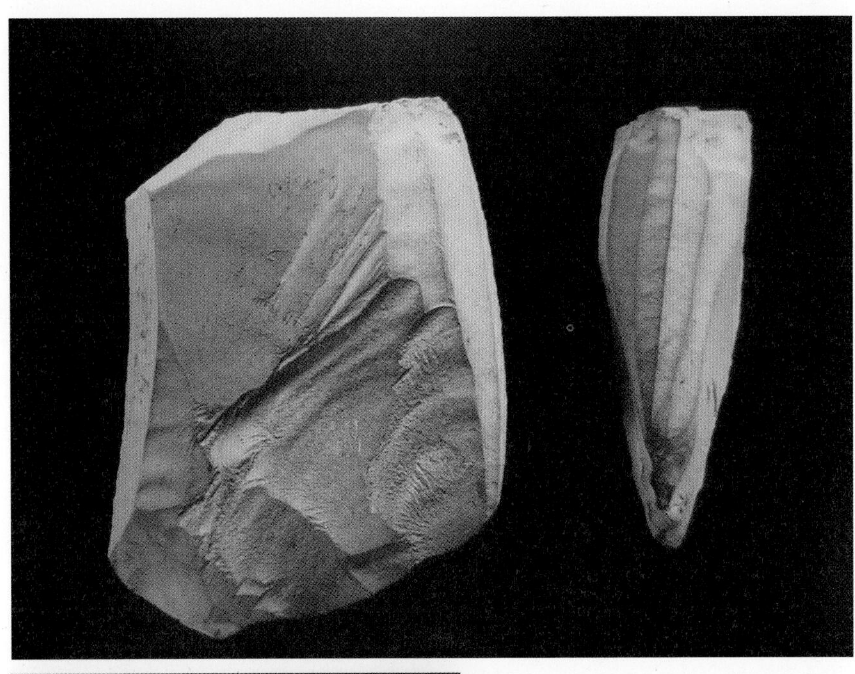

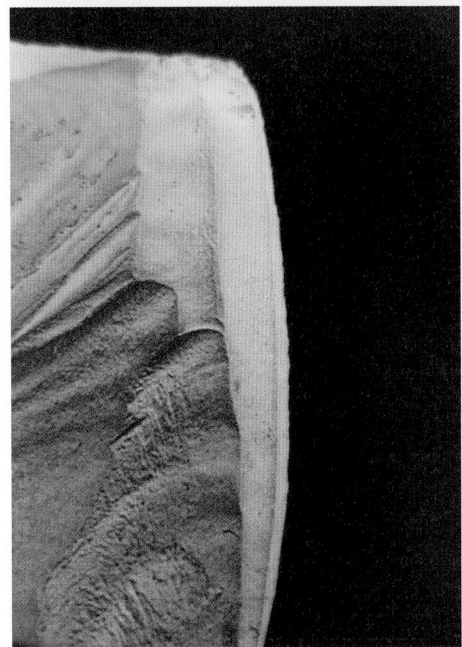

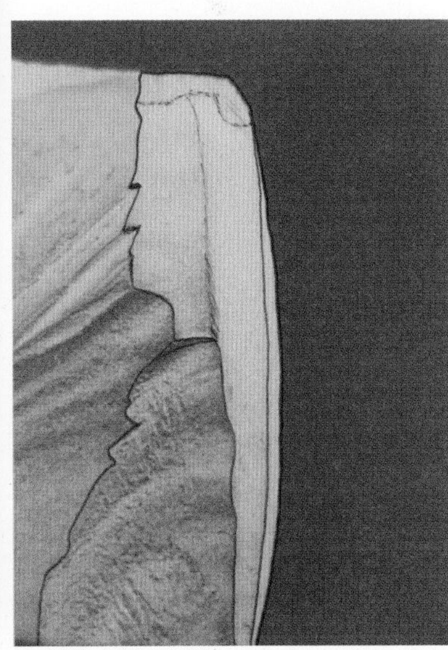

단양 수양개 유적: 『한국의 구석기』

공주 석장리 유적:『한국의 구석기』

익산 신막 유적:『금강의 구석기 문화』

반대쪽 면의 인물상

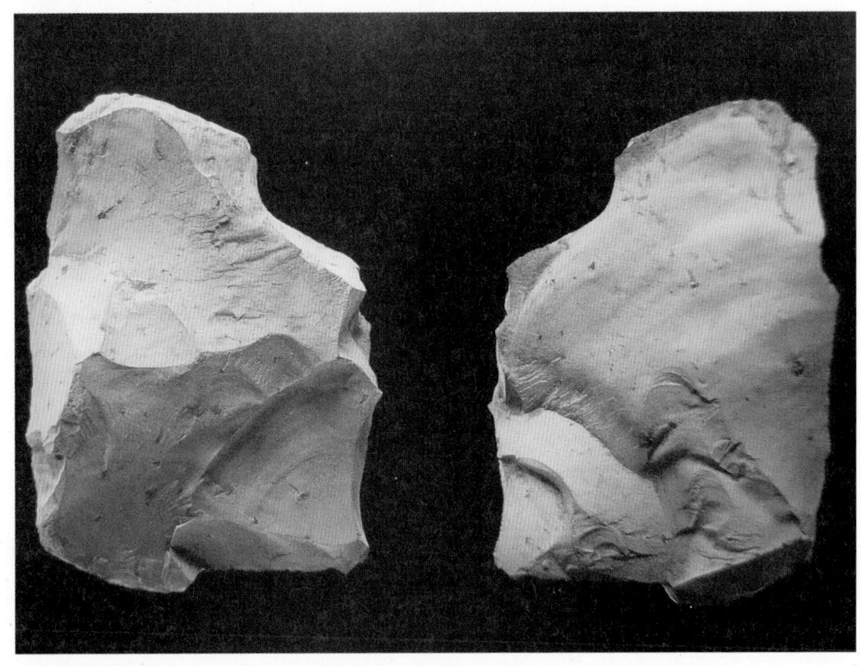

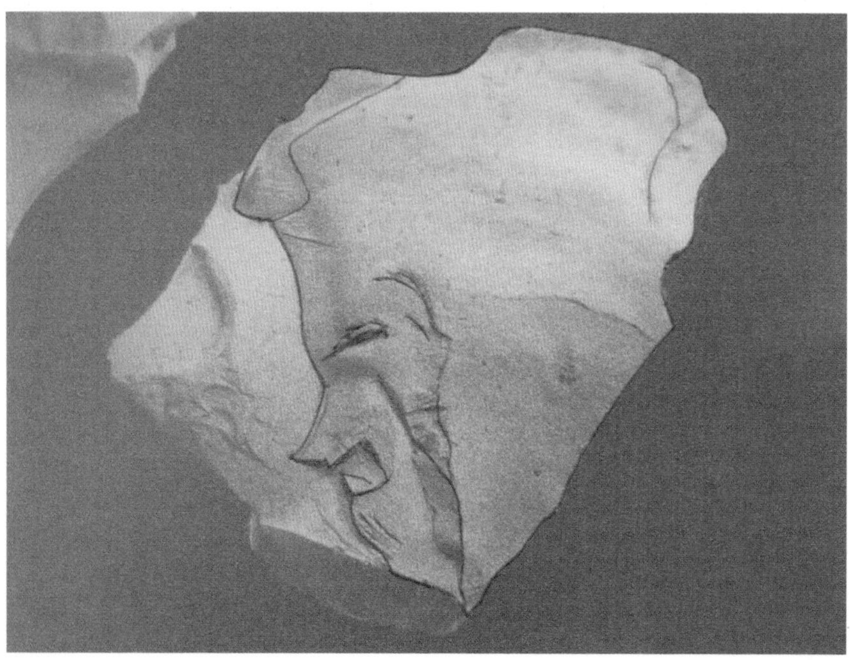

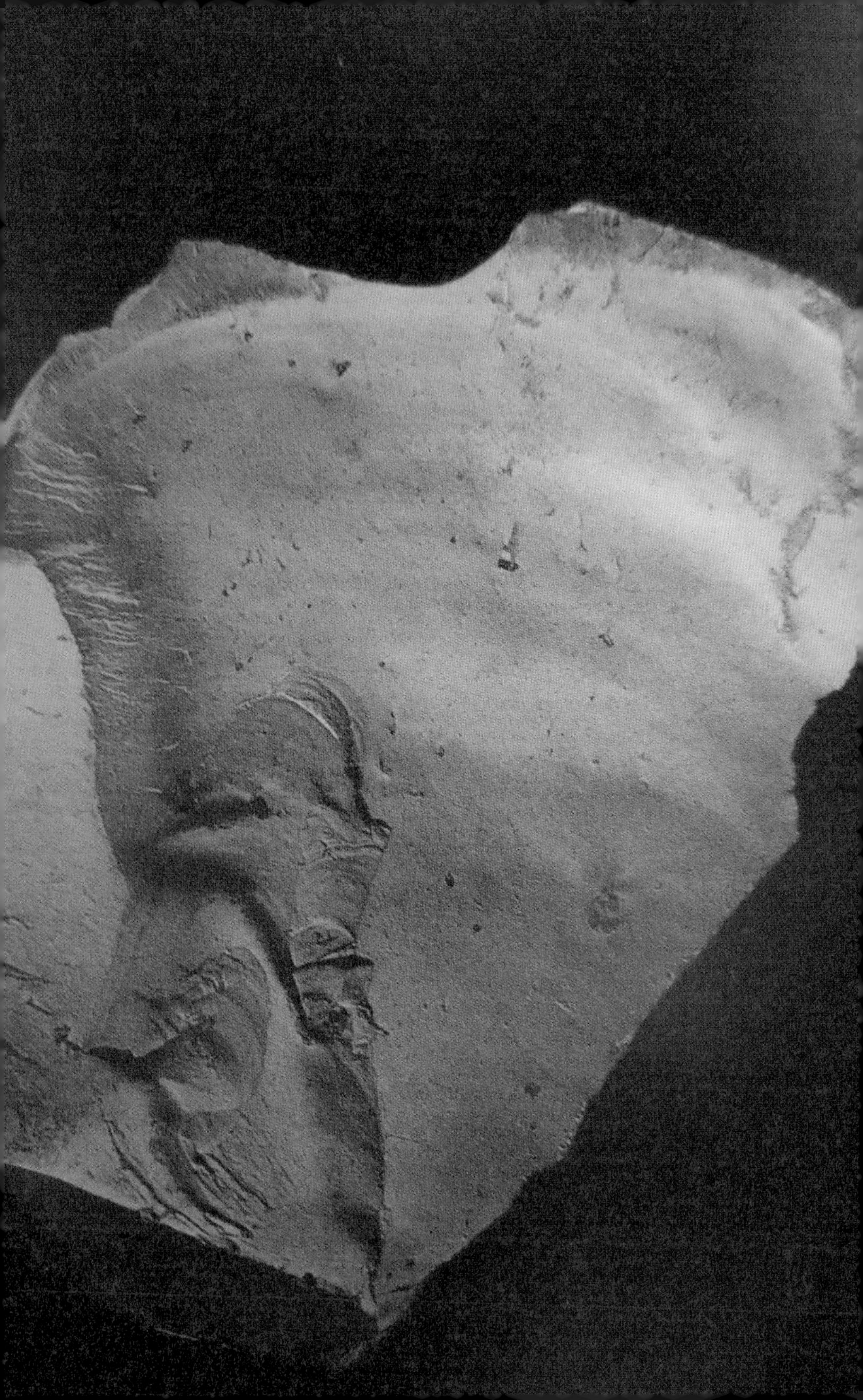

단양 상시 3바위 그늘 유적: 『연세대 박물관』

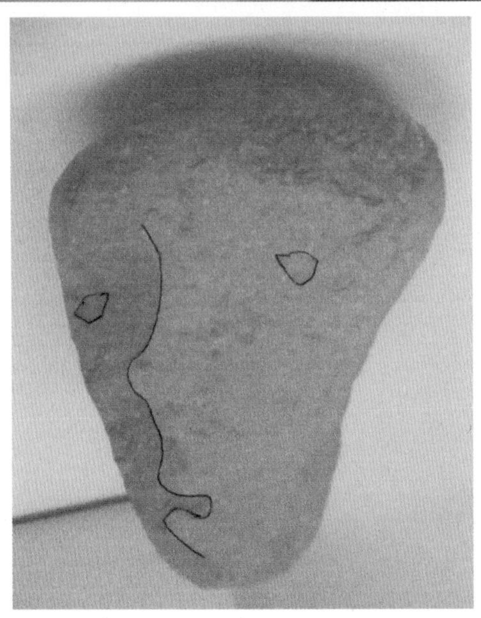

(5) 색감을 이용한 형상

색감이 형상의 눈, 코, 입과 윤곽선을 이룬다.

파주 주월리·가월리 유적:『한국의 구석기』

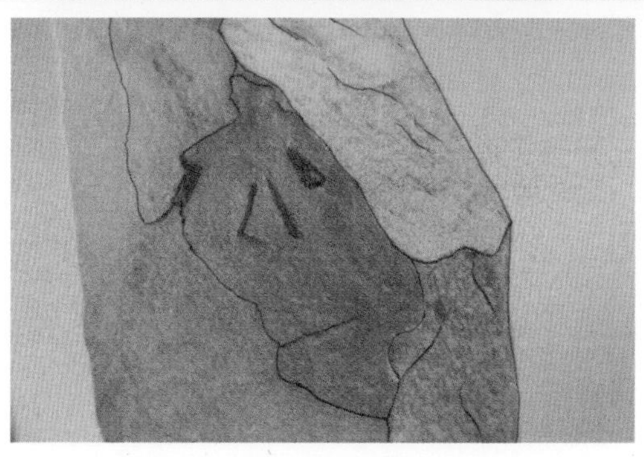

공주 석장리 유적:『석장리 박물관』

색감이 두 눈과 코를 표시한다.

다른 방향의 형상

색감으로 인물상을 그렸다.

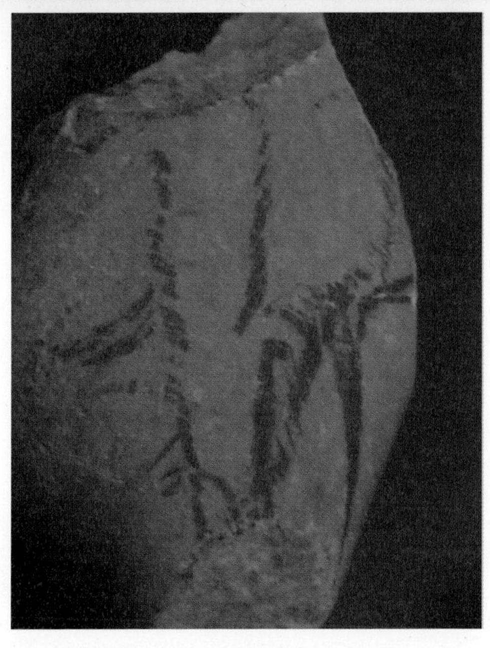

2. 구석기의 제작 기법

구석기는 떼어내기 기법으로 제작했다고 하여 '뗀석기'라 하는데, 정교하게 새겨진 인물상을 떼어내기로 제작할 수 없으므로 다른 도구가 사용된 것으로 추정된다.

다음 연천 주먹도끼는 양면이 반듯하여, 갈거나 잘라낸 것으로 보인다.

전곡 구석기 유적관

제천 창내 구석기에 두 줄이 평행하게 그어져 있다. 단단한 돌에 석기로는 그을 수 없으므로 다른 도구가 이용되었으며, 평행의 개념을 이해했을 것으로 추정된다.

『한국의 구석기』

기계칼로 자른 듯하다.

공주 석장리 유적: 『금강의 구석기 문화』

도구를 이용해 얇게 깎아낸 듯하다.

대전 노은동 유적: 『금강의 구석기 문화』

도구로 잘랐음이 분명한데, 기계칼로 자른 것과 달리 자른 면이 반듯하지 않다.

단양 수양개 유적

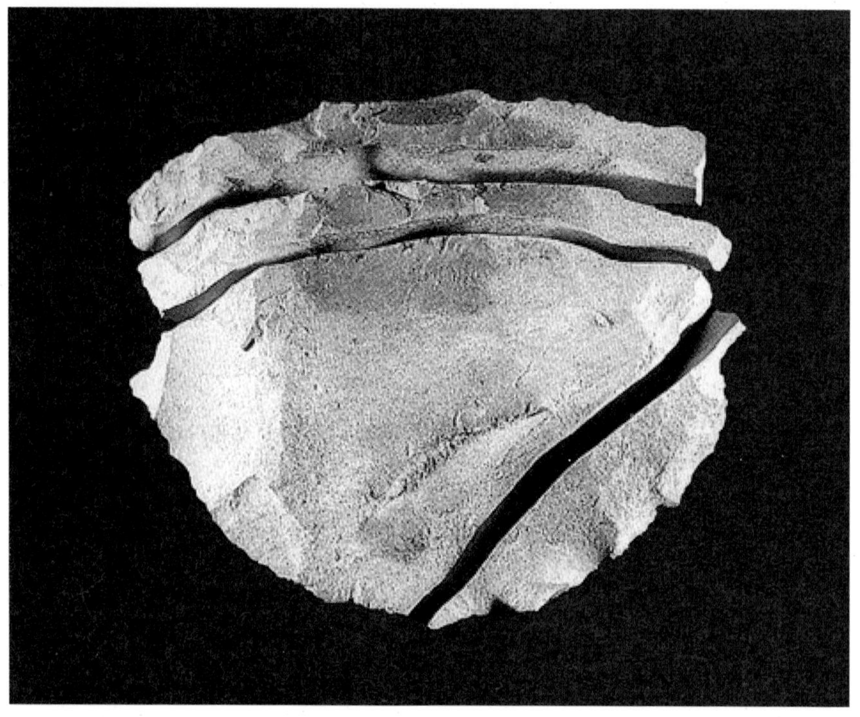

블록의 형태로 쌓여 있는 거대바위를 레이저로 자른 듯하다고 추측하는 것처럼, 고도로 발달한 도구가 있지 않았을까?

흑요석에 새겨진 형상은 이를 더욱 뒷받침한다.

"흑요석은 일종의 천연 유리로 석영과 성분이 같으며, 최고급 비석이나 벼루의 재료로 쓰기도 하는데, 여기 쓰는 건 화강암 보다 단단해서 가공기계의 수명이 짧다고 한다."(나무위키: 흑요석)

인터넷에서 흑요석 덩어리를 단검으로 가공하는 과정을 보니, 깨면 울퉁불퉁한 특유의 모양이 나타나는데, 쉽게 깨져나가, 떼어내기 기법으로 단검 모양으로 가공이 가능하였다.

이렇게 유리처럼 깨뜨리면 쉽게 깨지나, 면을 매끄럽게 가공하려면, 화강암보다 단단한 성질을 가진 흑요석으로 제작된 구석기에는, 떼어내기로 제작되어 깨면 나타나는 특유의 모양을 이룬 것도 있지만, 면이 매끄러운 것도 있다.

흑요석의 성질상, 면을 매끄럽게 다듬는 것은 기계 없이는 불가하므로 매끄러운 흑요석 구석기는 제작에 기계가 사용되었음을 증명한다.

공주 석장리 유적:『한국의 구석기』

홍천 하화계리/사둔지 유적: 『한국의 구석기』

흑요석으로 제작된 구석기에 표현된 인물상을 보자.

철원 장흥리 유적: 『한국의 구석기』

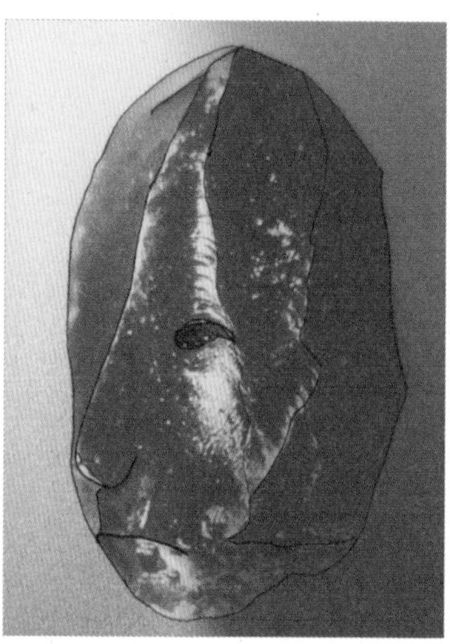

홍천 하화계리/사둔지 유적:『한국의 구석기』

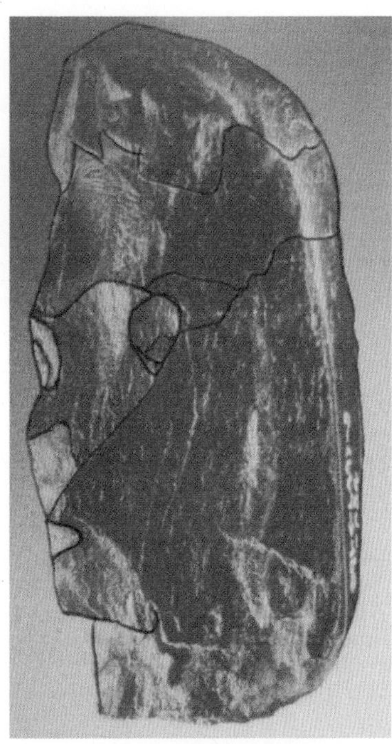

철원 장흥리 유적:『한국의 구석기』

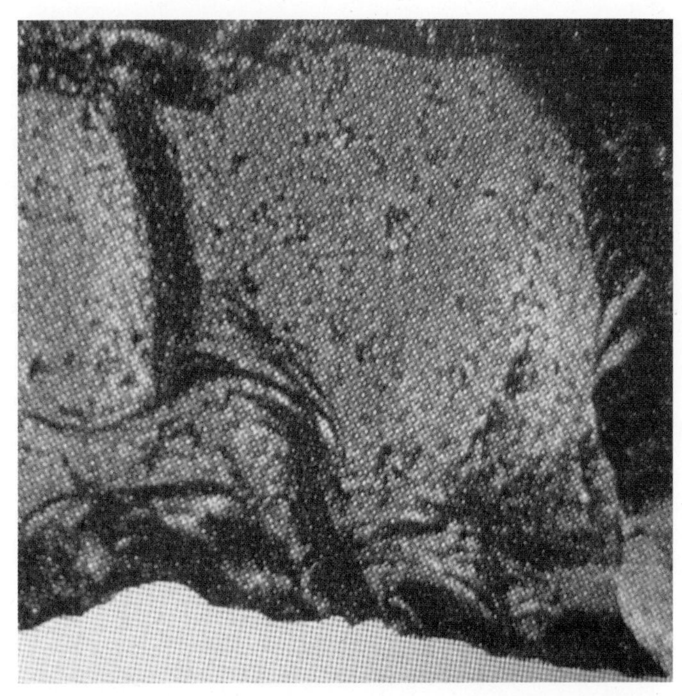

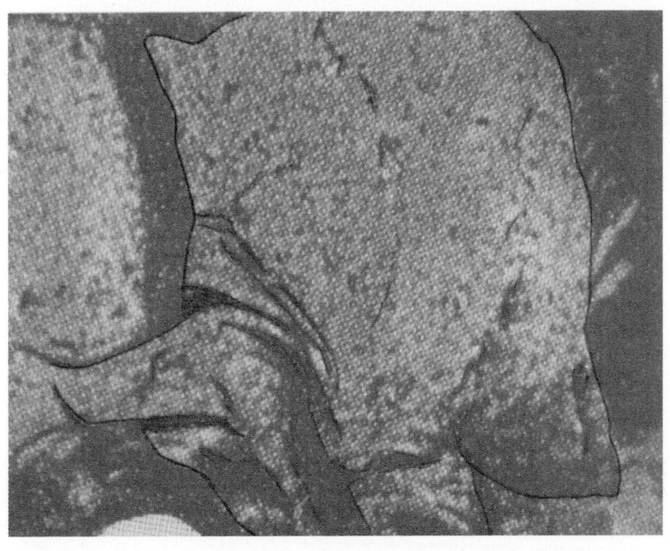

양구 상무룡리 유적: 『한국의 구석기』

기계 없이는 가공이 불가능한 흑요석에 새겨진 인물상은, 제작에 기계장치가 사용된 물증이 된다.

3. 구석기의 실체

다양한 방식으로 인물상이 표현된 구석기는 도구라기 보다 예술품으로 제작된 듯하다.

우리나라에는 많은 구석기 유적이 있다고 한다.

"지금까지 남북한에서 구석기 유물이 발견된 곳은 1,000여 곳이 넘고, 발굴 유적만도 100여 곳에 이른다.

- 중략 -

한반도 전역은 구석기인의 삶의 터전이었음이 확인되었다."(논고 '한국의 구석기 문화', 김성명, 「금강의 구석기 문화」, 160쪽)

이렇게 많은 구석기 유적이 자연스러운 삶의 결과물일까? 발견되는 수량도 많아 한탄강 댐 수몰예정지에서는 후기 구석기 유물이 12,000여 점 발견되었다 한다.

구석기가 도구라면 이렇게 많은 수를 제작할 이유가 없다. 예술품과 그 부산물이 아닐까?

구석기 유물이 여러 층의 층위를 이룬 곳에서 발굴되는데, 강가는 물에 의해 토사가 운반되어 층위를 이룰 수 있다지만, 야산의 경우 층위를 이루는 것이 설명이 안 된다.

강가의 경우도 주기적인 홍수에 의해 깎여 나가고 쌓이고 하는 일이 반복되므로, 지층이 뚜렷하게 구별되며 쌓이는 일은 있을 수 없을 것이다.

넓지 않은 국토에서 1,000여 곳의 유적이 발견되고, 야산, 평지, 강가에서 동일하게 층위를 이루며, 전국에 고르게 분포하는 것이 예사롭지 않다.

층위를 의도적으로 조성하고 구석기를 배치해 놓은 것은 아닐까?

구석기가 기계를 이용하여 제작되고 인물상을 새긴 예술품이라면, 도구를 기준으로 분류한 기존의 문명 이론은 맞지 않게 된다.

다만, 같은 층위에서 발견된 물질을 탄소연대를 측정하여 확인된 시기는 여전히 유효하지 않을까 한다.

이런 점을 모두 감안하여 원점에서 연구하여 진실을 밝히고 재정립하는 작업이 진행되어야 할 것으로 보인다.

2장

고인돌의 생명형상

1. 고인돌 바위와 풍화

구석기와 마찬가지로 고인돌에도 생명형상이 새겨져 있다. 구석기는 땅속에 묻혀 있어 풍화와 관련이 없지만, 고인돌의 형상이 풍화의 결과물 인지에 대해서는 검토가 필요해 보인다.

풍화의 사전적 의미는, '지표면의 암석이 공기나 온도 따위의 작용으로 차차 부스러지는 일'이다.

따라서 바위가 풍화작용을 받으면, 표면에 새겨진 글씨나 선은 곳곳이 끊겨 지워지거나 점차 형태를 잃게 된다.

포항 인비리 암각화를 보자.

얕게 새겨진 암각화가 그 형태를 온전히 유지하고 있어 풍화의 영향을 그다지 받지 않았음을 알 수 있다.

함안 도항리 고인돌에 깊이가 얕고, 섬세하게 다수의 동심원이 새겨져 있는데, 원형을 그대로 유지하여 풍화의 영향이 미미함을 보여 준다.

두 고인돌에 새겨진 암각화가 풍화의 영향을 받지 않았다면, 암각화가 새겨진 고인돌 바위도 풍화로 변형되지 않고 조성 당시의 원형을 그대로 유지하는 것으로 해석할 수 있다.

대다수 고인돌의 표면이 거칠어 풍화로 크게 변형된 것으로 생각하기 쉬우나 이는 사실과 다르며, 실제로 칼로 자른 듯 반듯한 면을 그대로 유지한 고인돌도 다수 있다.

풍화로 고인돌 바위가 변형되려면 더 장구한 세월이 지나야 할 것이다. 따라서 고인돌에 형상이나 선이 나타나 있다면, 조성 당시에 새긴 것으로 보아야 한다.

연장선상에서 하천, 계곡과 관련이 없어 물의 침식작용을 받지 않은 암반에 나타난 공룡발자국 화석을 살펴보자.

점토에 찍힌 발자국은 비가 오면 지워지고, 비가 내리지 않으면 점토가 굳은 후 먼지가 되어 흩어져 발자국의 화석화는 진행될 수 없다. 설령 화석화가 되었다고 가정해도, 발자국을 덮고 있는 바위가 풍화되어 넓은 면적에 걸쳐 암반이 평평하게 깎이고, 여기에 보행하듯이 일정한 간격으로 발자국들이 드러날 수는 없을 것이다. 풍화는 암석이 부스러지는 것인데, 넓은 면적에 걸쳐 바위가 균일하게 깎여 나가는 것은 자연스럽지 않다.

자연의 암반에는 온갖 동식물의 화석이 묻혀 있지만, 그 모습이 온전히 드러나 있는 경우는 드물며, 바위 내부에 있거나 일부만이 드러나 있을 것이다. 그런데 유독 뼈가 없는 공룡발자국만 그 모습이 온전히 드러나 있다.

이처럼 드러나 있는 사실을 상식적으로 해석해도 풍화로 고인돌 바위 면에 선이 그어지거나 형상이 나타날 수 없고, 공룡발자국이 드러날 수 없음에도 연구자들이 풍화로 설명하는 오류를 범하고 있다. 이는 연구자들만의 실수는 아니며, 이를 수용한 모든 사람들의 책임일 것이다. 특히 지성인 집단은 그 책임에서 자유로울 수 없을 듯하다.

2. 강화 고인돌

(1) 부근리 고인돌

상석의 형상

보는 방향에 따라 다양한 형상이 나타난다.

고임돌이 두 다리가 되어 튀어 나갈듯한 형상이다.

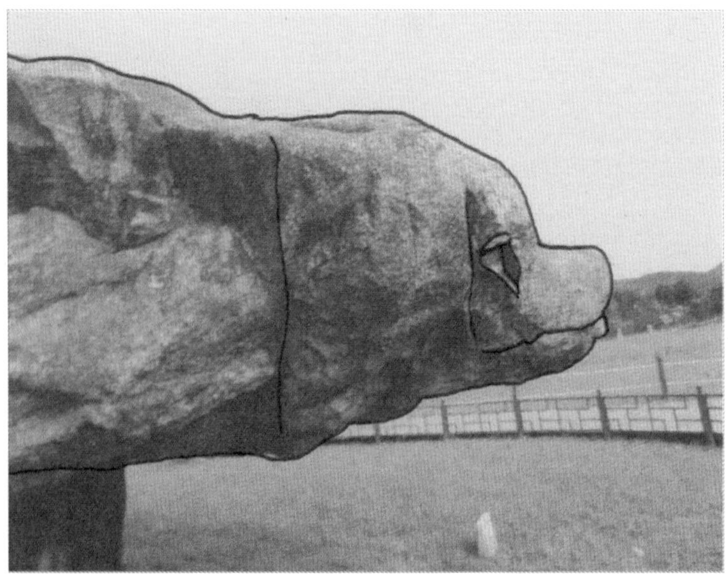

반듯한 선이 그어져 형상의 윤곽선을 이룬다.

상석 밑면의 형상

바위 밑면의 색감이 크게 다른데, 조성된 이후 햇빛이 차단되었기 때문은 아닐 것이다. 고인돌 조성 시 밑면을 평평하게 다듬었으므로, 이때 색감도 변화시켰다고 추정할 수 있다.

색감이 형상을 나타낸다.

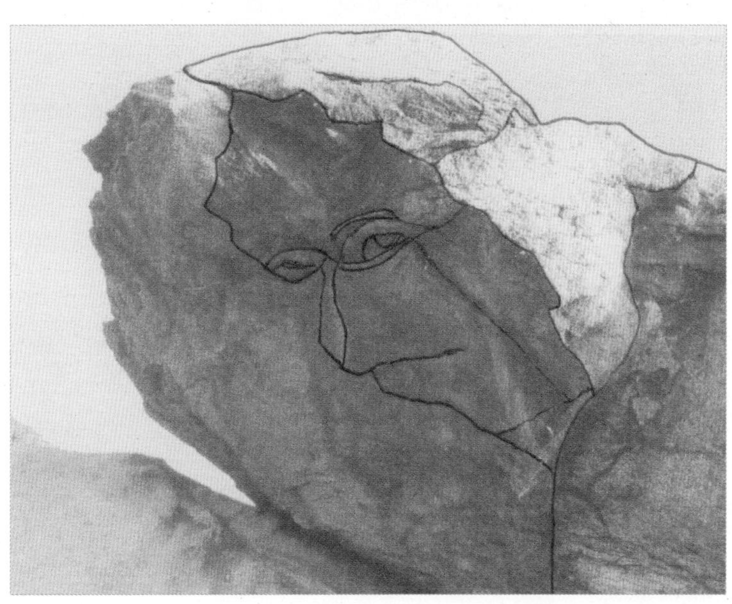

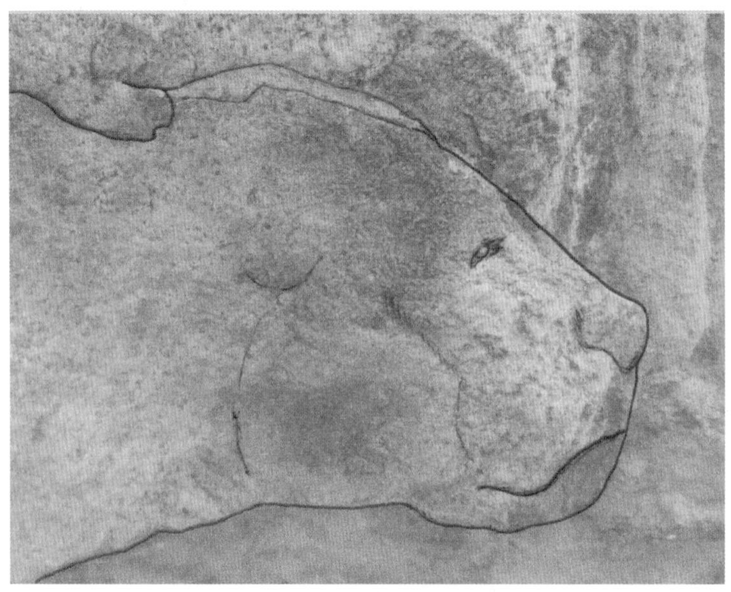

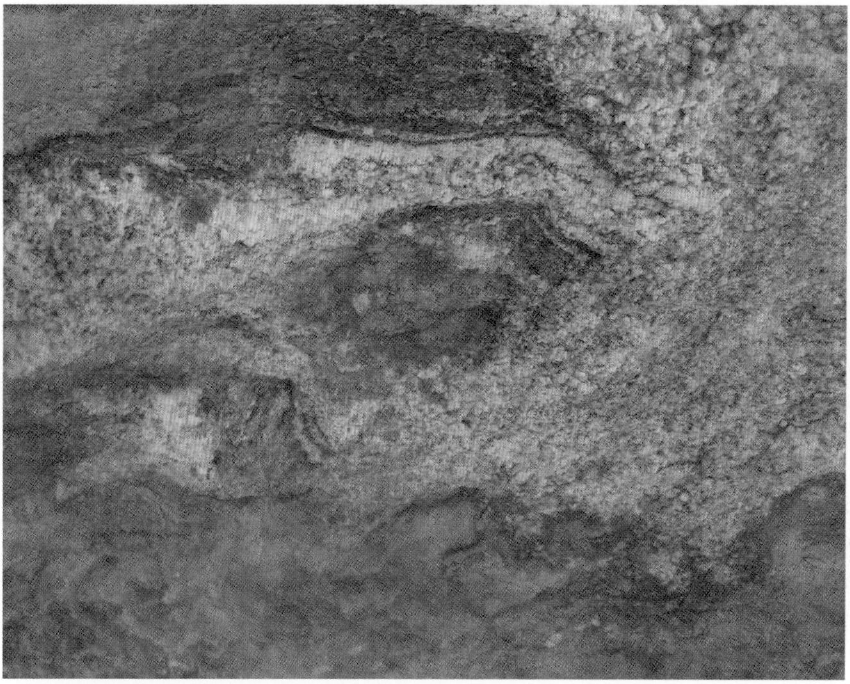

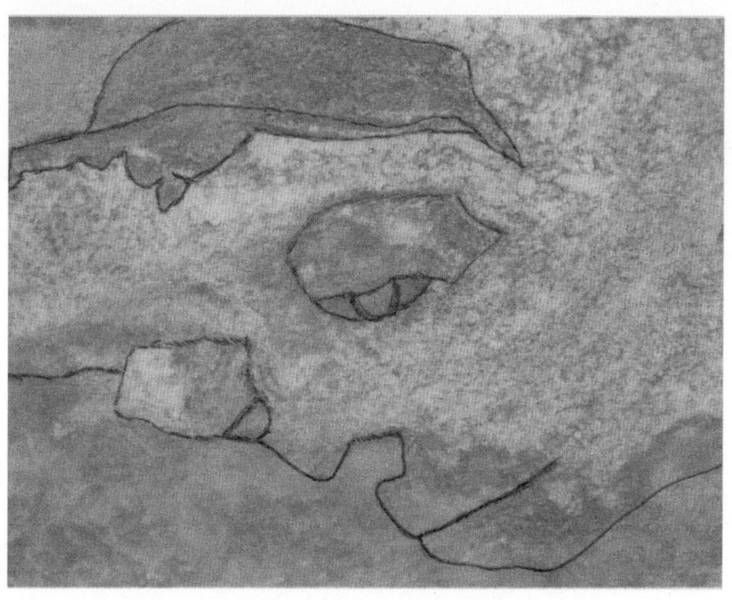

고임돌의 형상

반듯한 선이 그어져 형상을 나타낸다. 고인돌을 조성한 주체가 바위에 반듯한 선을 그을 수 있었음을 알 수 있다. 이는 자연 바위에 나타난 반듯한 선들도 고인돌을 조성한 주체가 그었을 가능성을 배제할 수 없음을 의미한다.

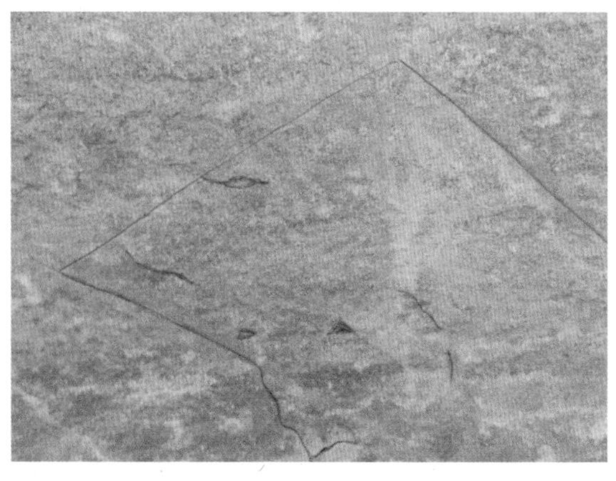

음각으로 형상을 나타냈다.

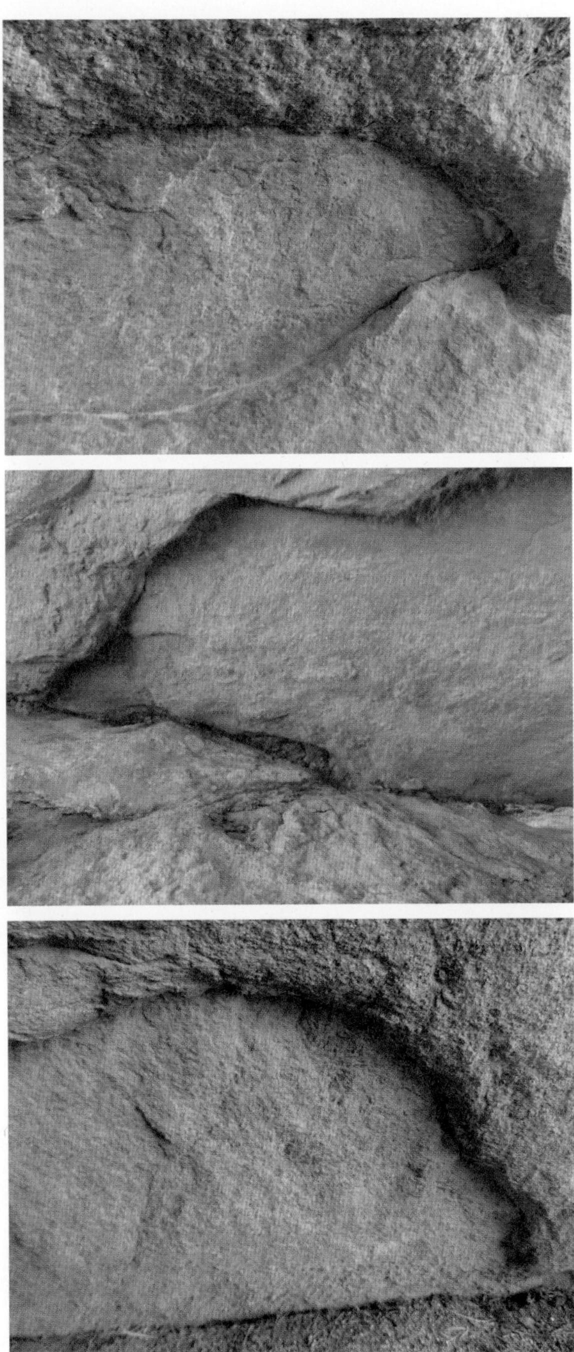

양각의 형상

다양한 형상

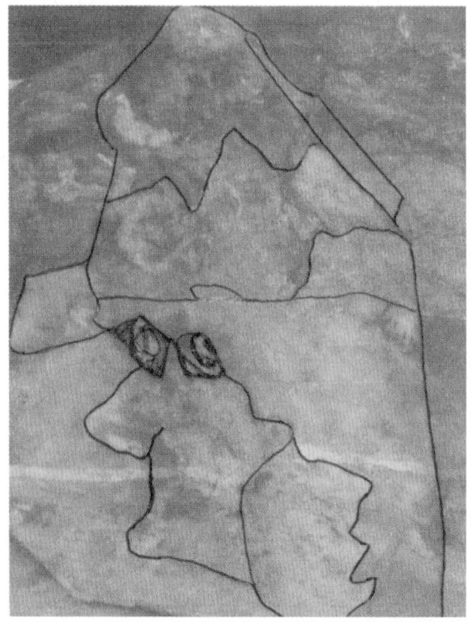

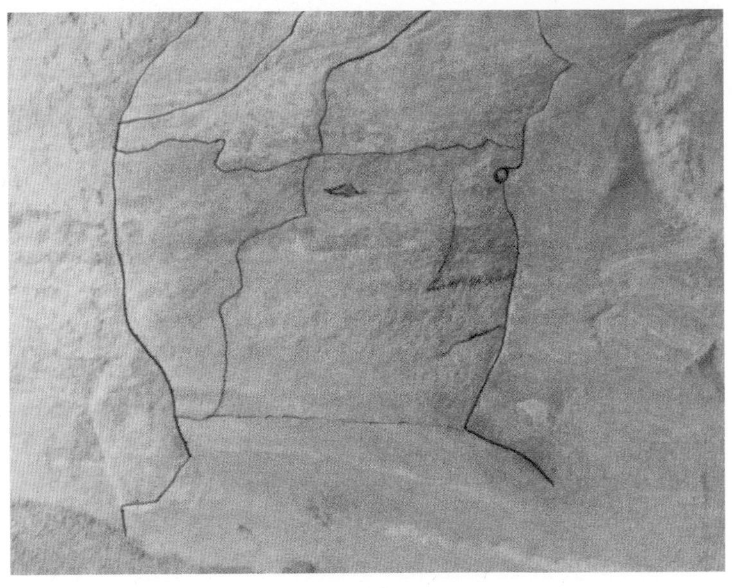

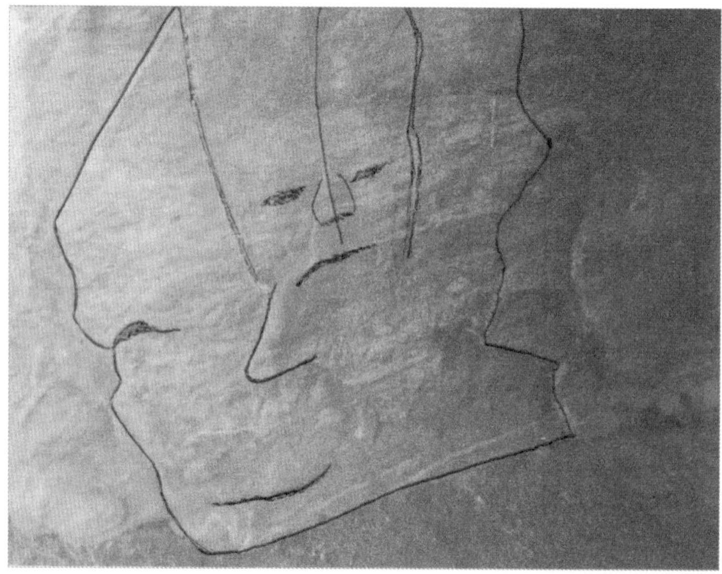

(2) 부근리 점골 고인돌

상석의 형상

상석 밑면의 형상

상석 밑면의 색감이 윗면과 크게 다르다. 부근리 고인돌처럼 밑면의 색감을 변화시킨 것으로 해석된다.

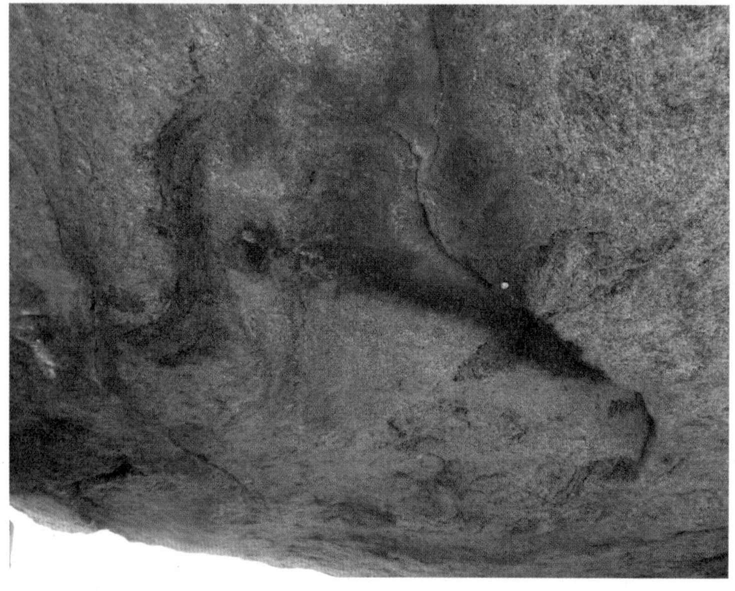

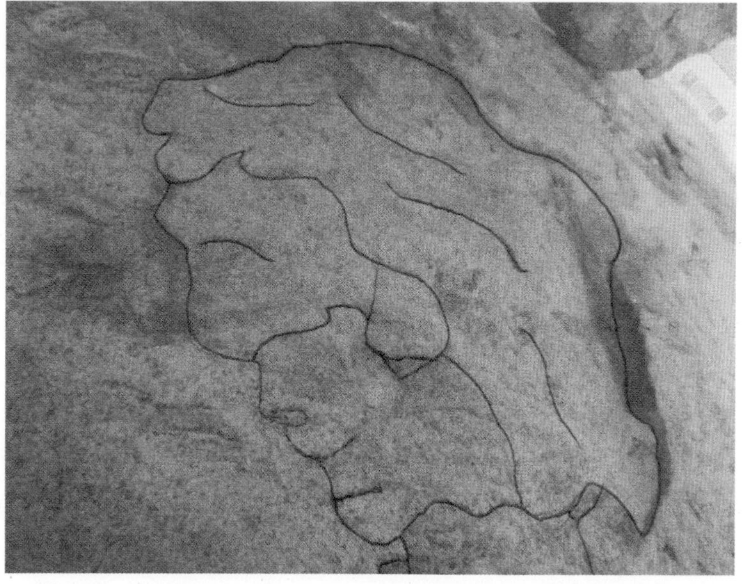

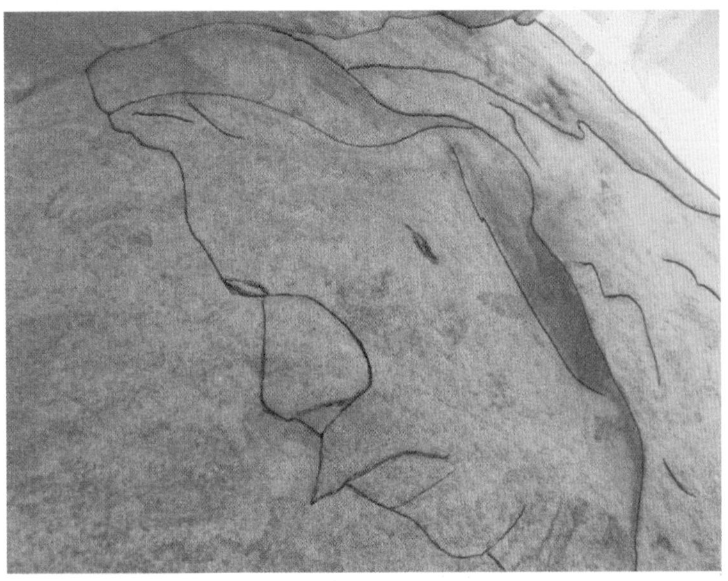

고임돌의 형상

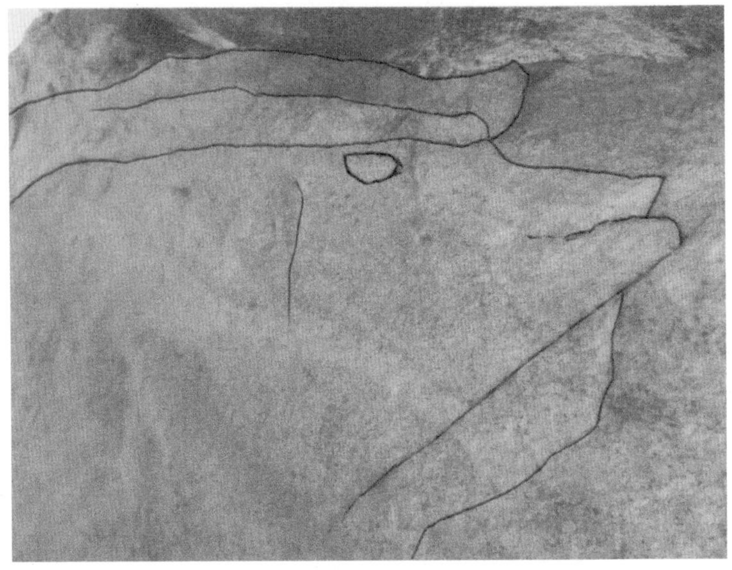

(3) 신삼리 고인돌

안내판에 '탁자식 고인돌이 쓰러진 상태'라 적혀 있으나, 고임돌이 작고 상석이 흙이 쌓인 곳에 안정적으로 놓여 있어 원래 이 상태로 조성된 듯하다. 상석 옆의 두 바위는 흙이 무너져 내리는 것을 막는 기능을 한다.

다양한 형상을 보자.

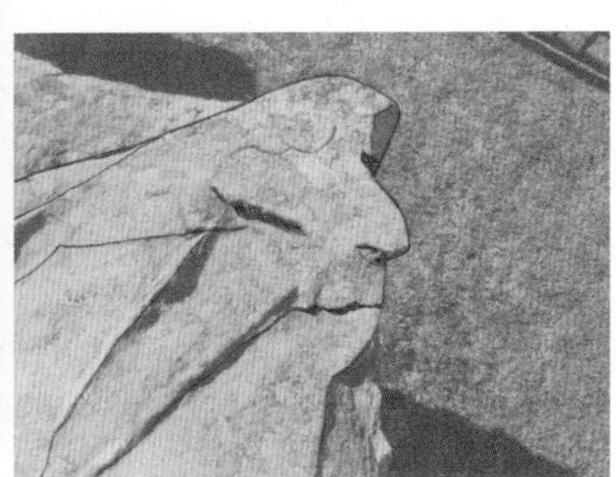

상석 옆에 놓인 바위의 형상

3. 연천 고인돌

연천 고인돌공원 안내판에 '16기의 연천지역 고인돌이 이전 및 복원되어 있다'고 한다. 전시된 모든 고인돌에 생명형상이 나타나 있으나 뚜렷한 것만 살펴보기로 하자.

통현리 4호 고인돌

인물상이 뚜렷하다. 마을 사람들이 할머니 고인돌이라 부르는 것에 부합한다.

진상리 1호 고인돌

주변에서 뗀석기 1점이 발견되었다. 많은 바위구멍(성혈)이 보이며, 바위구멍이 두 눈을 이루는 형상이다.

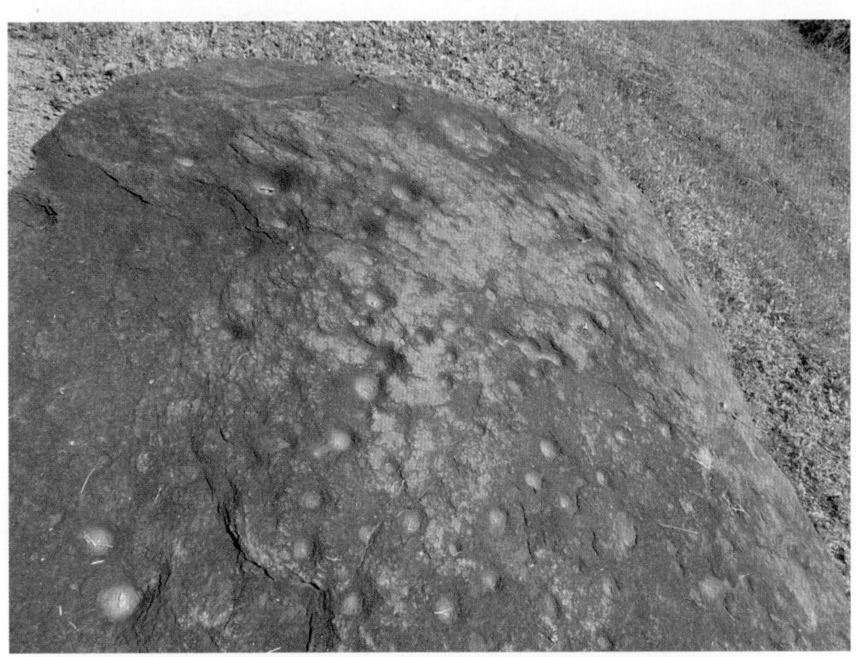

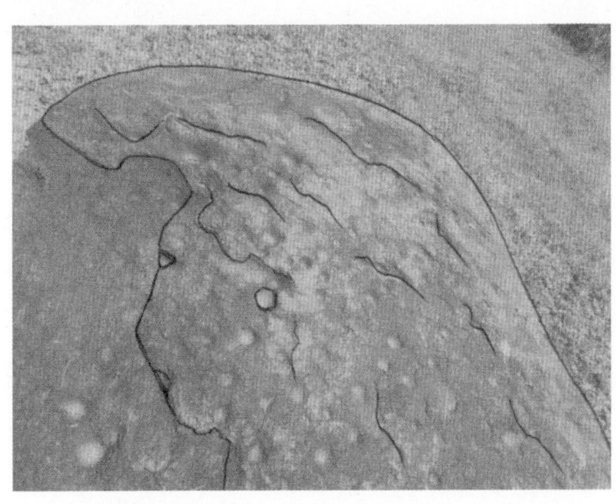

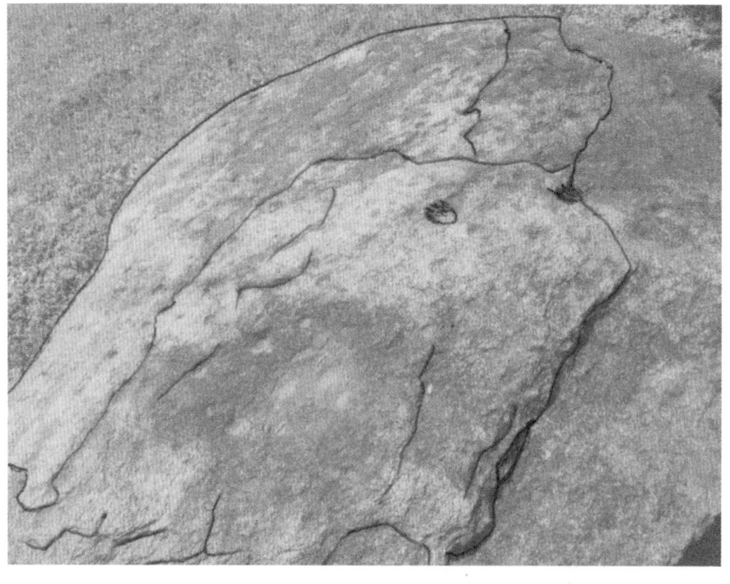

바위구멍이 선을 이루어 형상의 윤곽선을 나타낸다.

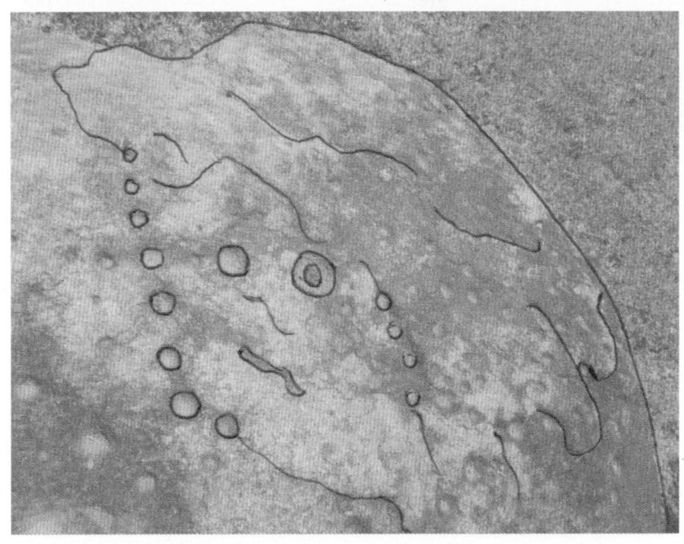

무등리 고인돌

바위구멍(성혈)에 물이 고여 눈을 표시하고 있다.
바위에 새겨진 반듯한 원형의 구멍은 자연 바위에 나타나는 홈도 사람에 의해 파였을 가능성이 있음을 나타낸다.

학담리 1호 고인돌

통현리 3호 고인돌

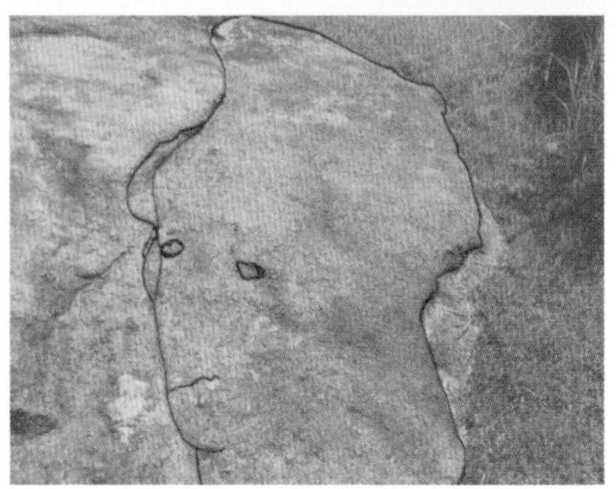

학곡리 6호 고인돌

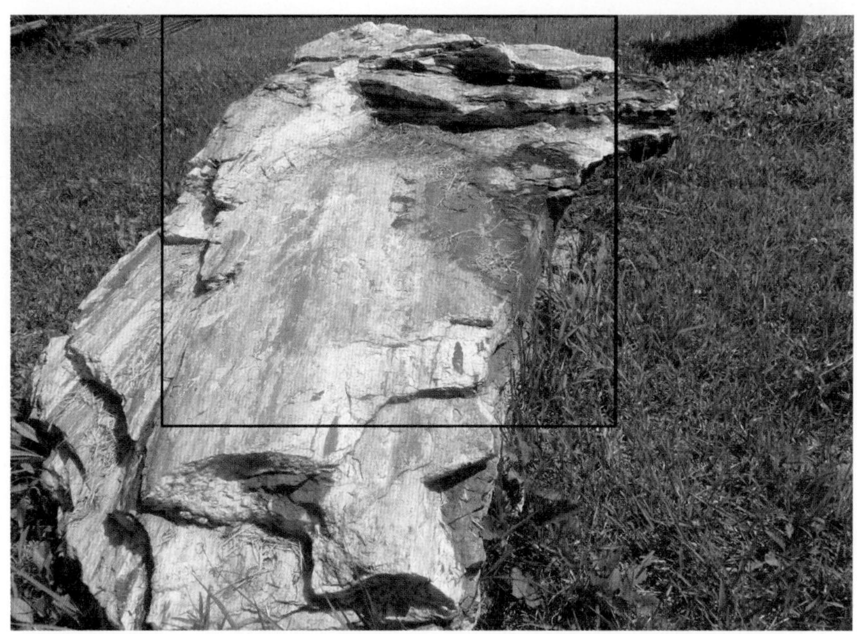

학곡리 2호 고인돌

안내판에 '매우 정교하게 판 3개의 구멍이 있다'고 하는데, 구멍이 눈을 표시한다.

학담리 2호 고인돌

쐐기홈이 파여 있는데, 바위 중간에 있어 바위를 자르기 위함은 아닌 듯하며, 인물상의 눈을 나타낸다.

진상리 2호 고인돌

진상리 2호 고인돌의 반듯하게 잘린 부분은, 고인돌의 제작에 고도로 발달한 도구가 사용되었음을 추정하게 한다.

연천 지역의 고인돌은 수는 많지 않으나 인공임이 확실한 바위구멍(성혈)을 활용한 뚜렷한 형상이 많아, 고인돌에 생명형상이 새겨져 있음을 확인시켜 준다는 점에서 중요하다.

유물로 뗀석기가 출토된 것도 큰 의미가 있다.

4. 언양 고인돌

언양 고인돌은 1기만이 배치되어 있으며, 매우 커서 영남 지역에서 가장 큰 규모라 한다(최근 김해에서 비슷한 규모의 고인돌이 발견되었다).

이렇게 큰 고인돌을 인력으로 운반하여 설치하려면 많은 인원이 필요해 대규모의 집단이어야 하므로, 고인돌이 무덤이라면 여러 기가 군집하여 있어야 할 것이다. 대규모 집단이 1기의 무덤만을 조성하는 것은 이치에 맞지 않기 때문이다. 거대한 규모로 1기만을 배치해 놓은 언양 고인돌에 특별한 의미가 있는 것은 아닐까?

강화 부근리 고인돌이 사방이 트인 넓은 공간에 있어 전후를 정하기 어려운 데 반해, 언양 고인돌은 한쪽은 공간이 넓어 전면이라 할 수 있고, 반대쪽은 좁아 후면으로 볼 수 있다. 전면은 매끄럽고 다른 3면은 많은 굴곡이 져 있는데, 전면에 두께가 다른 많은 선이 그어져 있다.

이렇게 큰 규모의 고인돌을 조성하며, 아무런 의도 없이 바위를 다듬었다고 생각하기 어렵다.

후면의 모습

전면의 형상

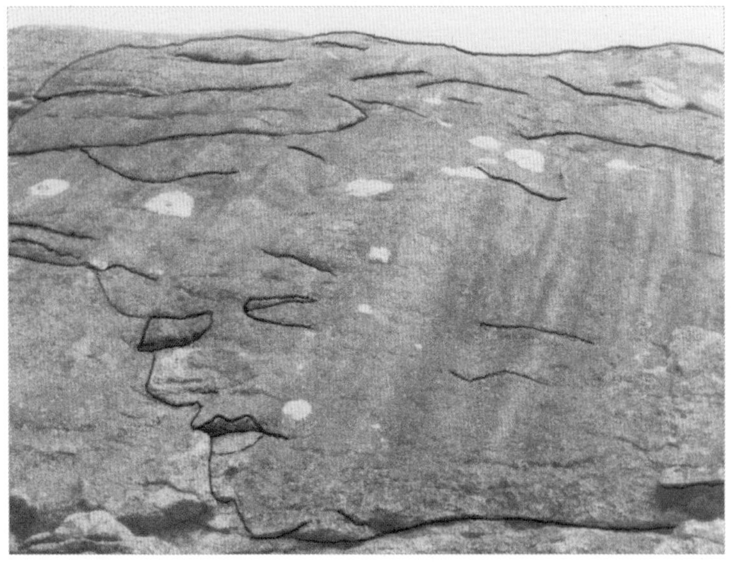

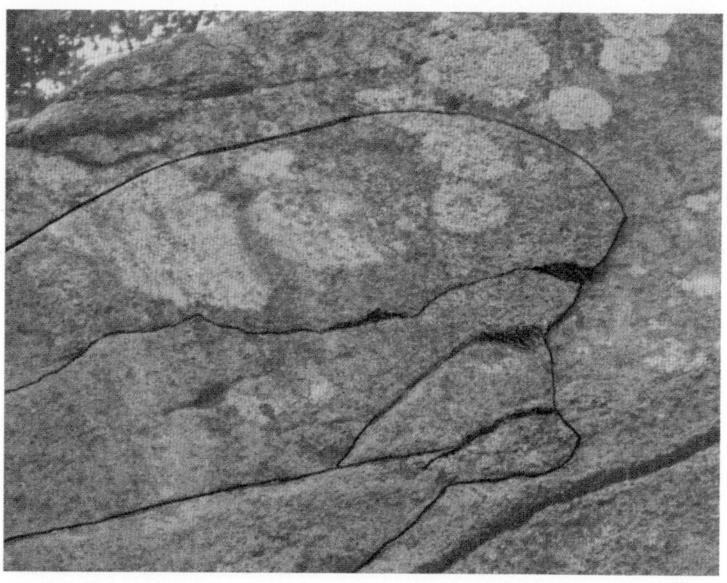

한 눈을 공유하는 두 인물상

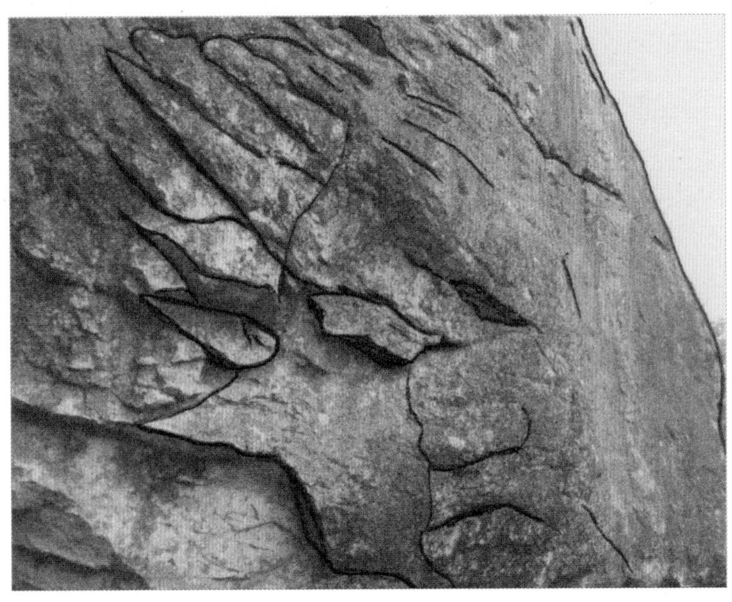

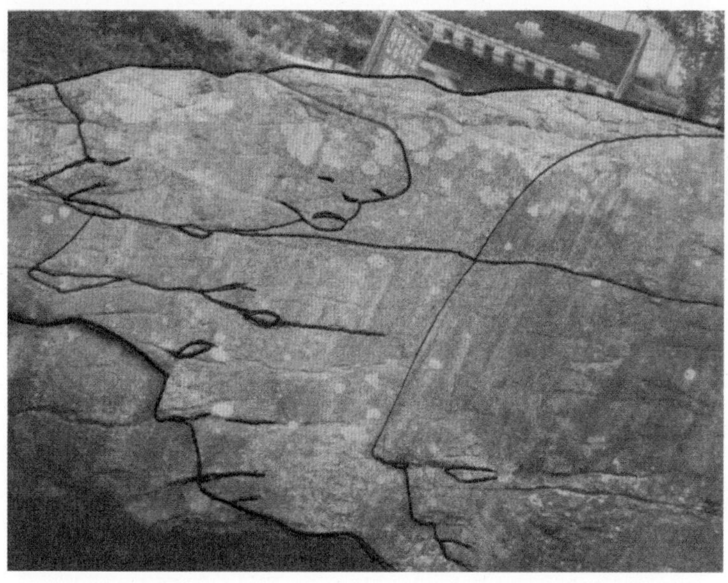

옆면, 뒷면, 윗면의 형상

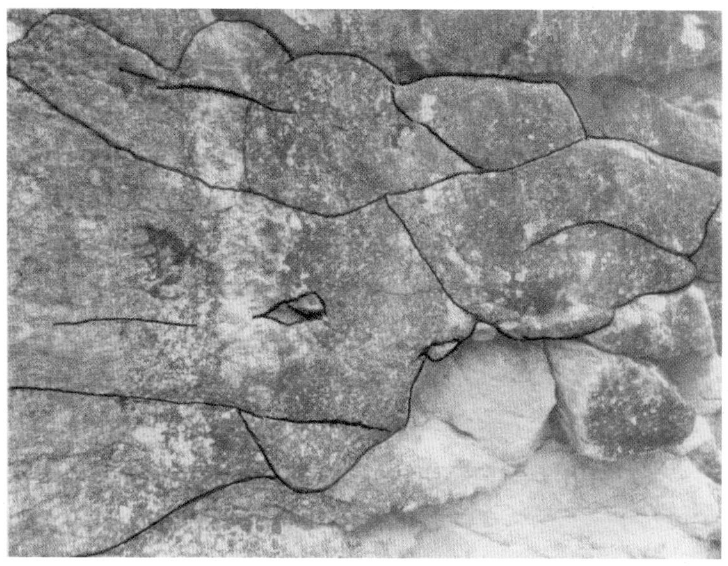

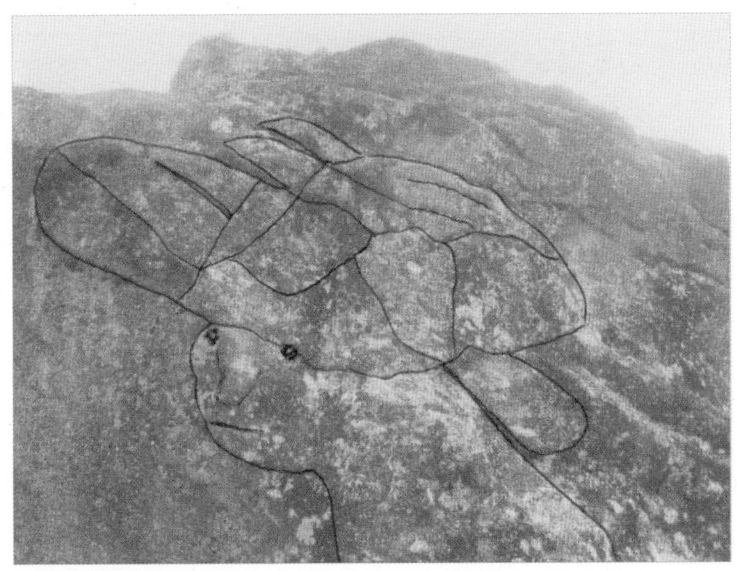

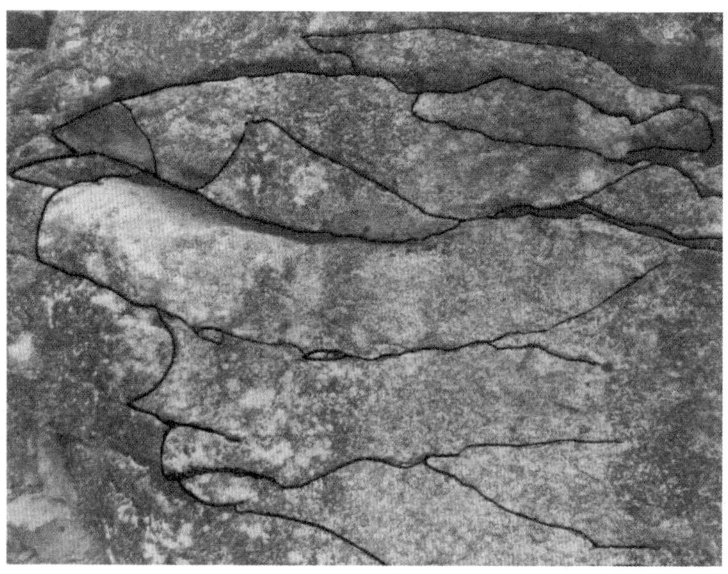

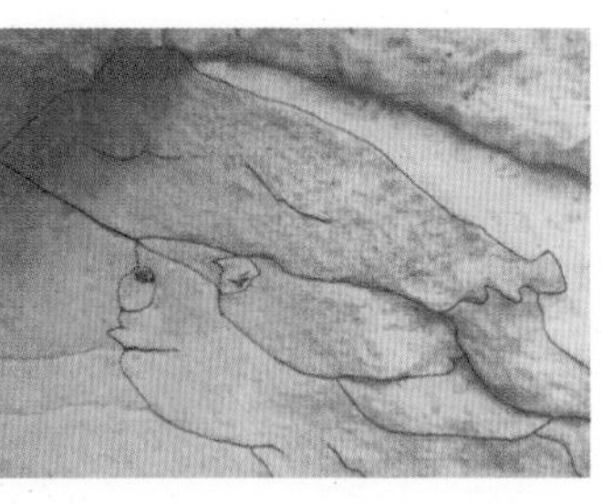

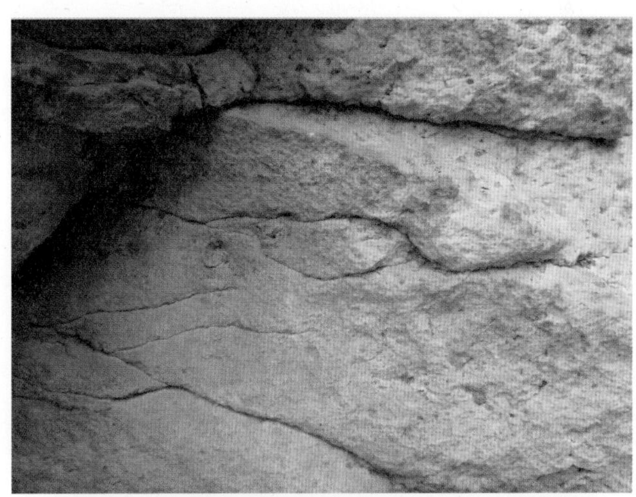

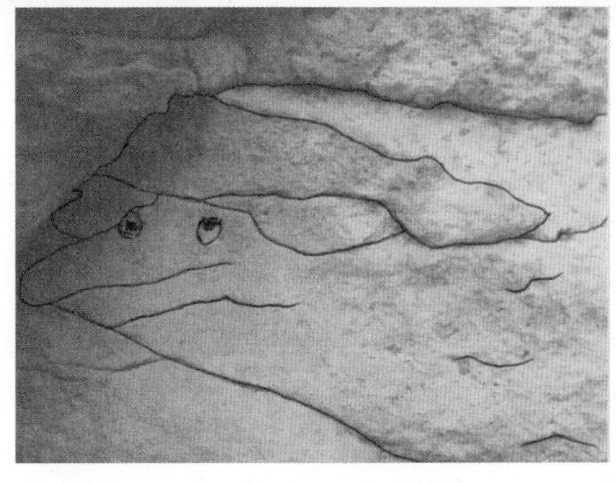

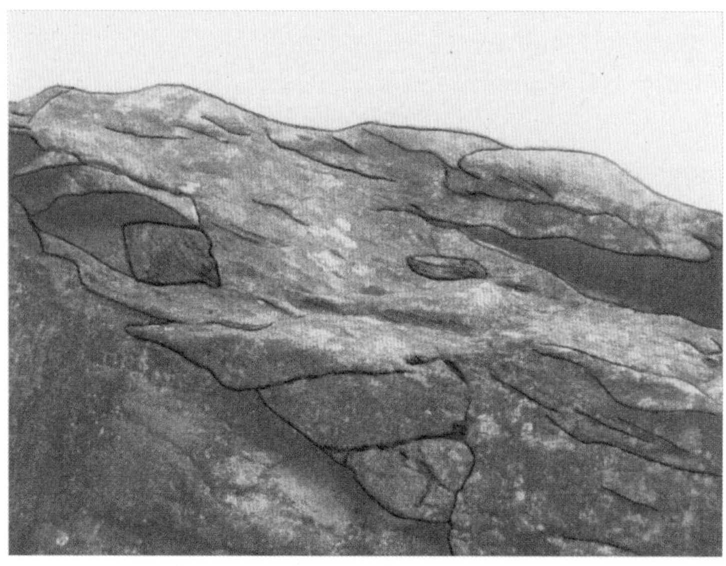

밑면의 형상

바위 위 부분과 아래 부분의 여러 곳이 잘려, 밑면을 이룬 곳의 색감이 다른 부분과 다른데 조성 시, 변화시킨 것으로 추정된다.

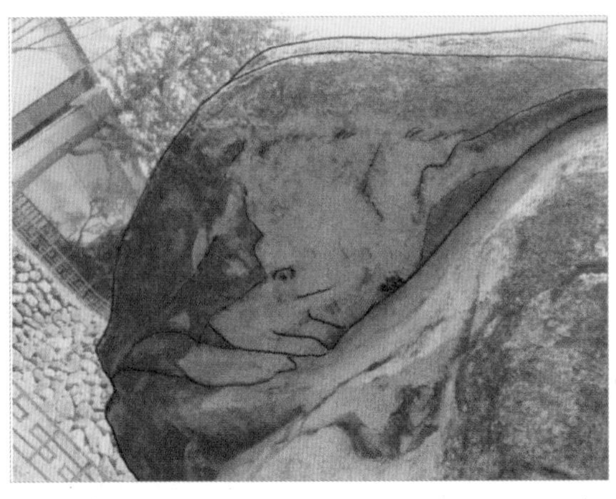

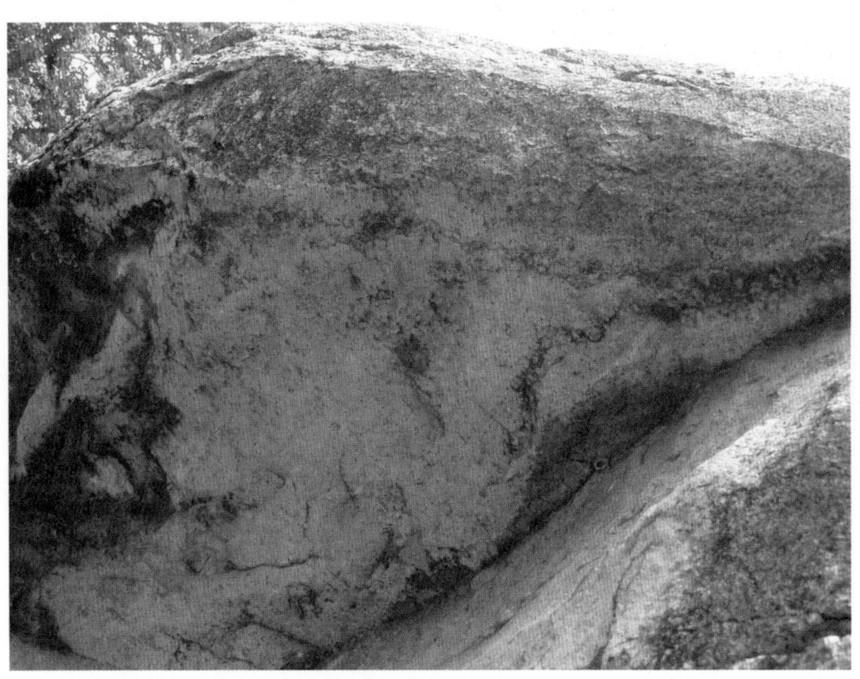

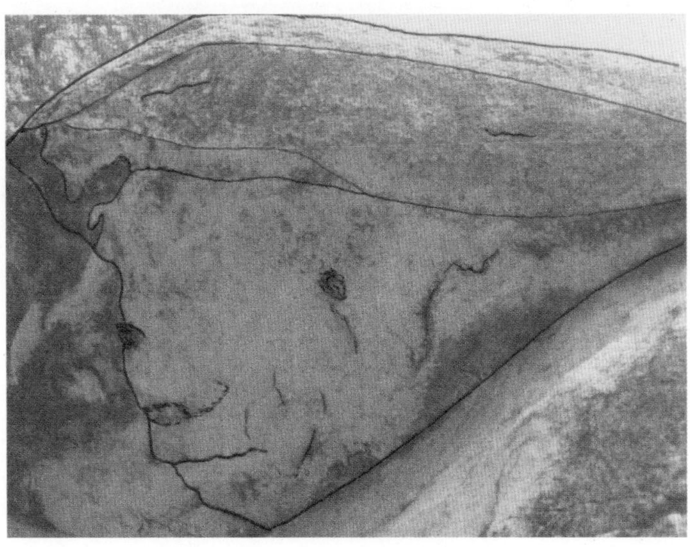

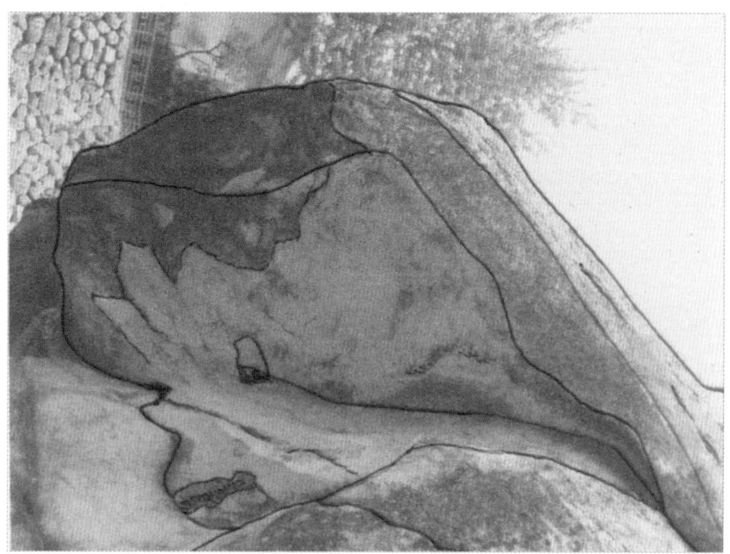

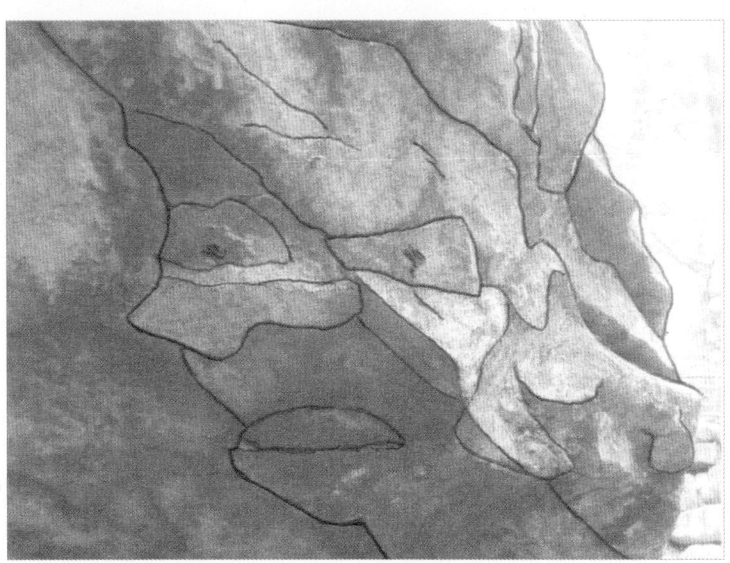

상석 아래쪽 부분 밑면에 나타난 형상이다.

인위의 증거

고인돌 자체가 바위를 채석하고 옮겨서 조성해 놓은 인위의 산물이지만, 언양 고인돌에는 의도적으로 행하여 놓은 몇 가지 현상이 더 있다.

매끄럽게 다듬어진 면이 반듯하게 꺾여 있어, 바위를 반듯하게 다듬고 있음을 증명한다.

바위틈에 작은 돌이 끼어 있다.

만져보니 움직이지 않는다. 고인돌에 붙여 놓은 것이다.

고인돌 조성 당시의 것일까 아니면 후대에 누군가 행한 것일까?

경남대 박물관의 창원 덕천리 유적 5호 고인돌에도 돌이 부착돼 있는데 만져 보니 움직인다. 붙이지 않고 끼워 놓은 것이다.

끼운 것과 붙인 것의 차이는 크다. 붙일 수 있다는 것은 접착제가 있었다는 것을 의미하기 때문이다.

고인돌 뒤쪽 부분에 흰 물질이 붙어 있다. 이 물질이 고정된 돌과 관계가 있을까?

같은 물질이 아래쪽에도 조그맣게 붙어 있다.

흰 물질의 성분은 무엇일까? 돌을 무엇으로 붙였는지와 흰 물질에 대한 조사가 필요해 보인다. 작은 돌이 고인돌 조성 당시에 붙여 놓은 것이라면, 오랜 시간을 견딜 수 있는 강력한 접착제를 만들 수 있는 발달된 문명이 있었음을 의미한다.

스티커가 붙어 있다.

최근의 것이므로 지나쳤는데 다시 보니, 형상의 눈을 이루고 있다.

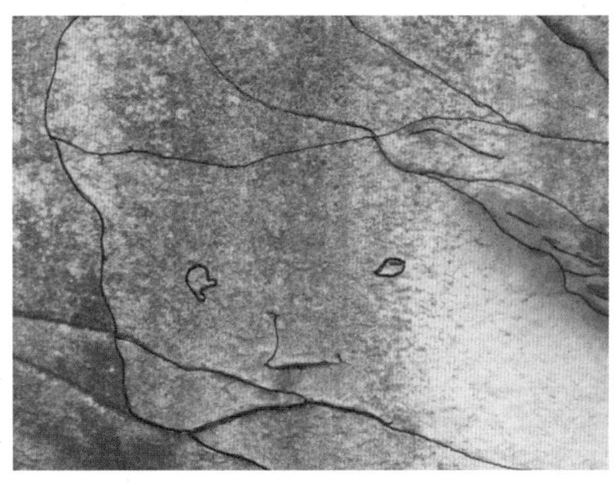

우연일까?

그동안 답사에서 형상의 눈의 자리에 돌이 올려져 있는 것을 많이 보았는데, 처음에는 치우고 사진을 찍었다. 조작의 느낌이 들기 때문이다.

형상의 눈의 자리에 돌이 놓인 것이 우연인지 사람에 의한 것인지에 대해서는 판단의 뚜렷한 근거가 없으나, 스티커는 사람이 행한 것이 분명하다. 최근에 누군가 눈의 자리에 스티커를 붙였다는 것인데, 우연인지 알 수 없다.

다음 날 아침 다시 방문하니, 술과 물이 고임돌에 놓여 있다. 인근 주민들은 이 고인돌을 '용바우'라 부르며, 예전에는 치성을 드렸다고 하는데, 여전히 신앙의 대상일까? 아니면 그 흔적이 남은 것일까?

3장

고인돌의 조성 시기

1장에서 설명하였듯이, 도구를 기준으로 한 시대 분류는 재정립되어야 하지만 탄소연대 측정법으로 측정한 시기는 유효하므로, 편의상 기존의 시대 구분 용어를 그대로 사용하기로 한다.
도구를 용어로 사용하지만, 탄소연대 측정법으로 측정한 시기를 뜻함을 감안하면서 고인돌이 언제부터 제작되기 시작했는지를 추정해 보자.
고인돌에서 청동기 유물이 출토되므로, 고인돌이 청동기시대 유물이라 하나 이것이 모든 고인돌이 청동기시대에 제작되었다는 증거가 될 수는 없다.
구석기와 고인돌은 규모만 다를 뿐, 유사한 방식으로 인물상 등 생명형상이 새겨져 있어 고인돌이 구석기시대부터 제작되기 시작했을 가능성이 있다.

1. 화순의 청동기 유물

600여 기의 고인돌이 있는 화순 고인돌공원의 고인돌 밀집 지역과 불과 2~3 킬로미터 지점에서 다수의 청동으로 제작된 유물이 출토되었다.

그런데 유물이 출토된 곳은 낮은 둔덕으로 고인돌과 관련이 없다.

고인돌이 청동기시대 지배층의 무덤이라면, 수백 기의 고인돌이 밀집한 곳에서는 청동으로 제작된 유물이 출토되지 않고 지척이면서 고인돌과 관련이 없는 곳에서 발굴된 현상과 괴리된다.

화순 고인돌공원의 수백 기의 고인돌이 청동기시대와 관련이 없으며, 청동기시대 이전에 제작되었을 가능성이 크다.

2. 구석기 제작기법으로 새겨진 고인돌의 인물상

주변에서 여러 점의 뗀석기가 발견된 연천 통현리 2호 고인돌에, 구석기의 형상을 새긴 기법과 유사한 방식으로 바위를 잘게 잘라내어 인물상을 중첩하여 새겨 놓았다.

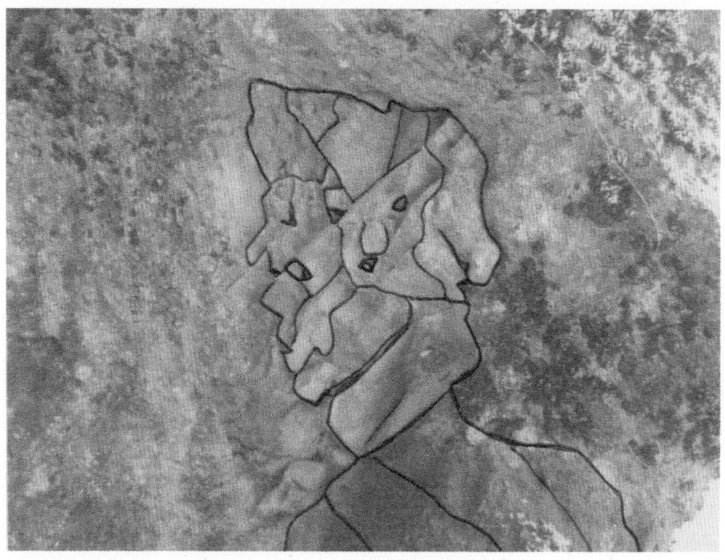

구석기의 떼어내기와 유사한 기법으로 바위를 잘게 잘라 내어 인물상을 표현하고, 주변에서 여러 점의 뗀석기가 발견되었으므로, 이 고인돌이 구석기시대에 제작되었을 가능성이 크다 할 것이다.

3. 뗀석기의 출토

연천 지역 고인돌에서 뗀석기가 출토되거나 주변에서 발견되었다 한다(연천 고인돌공원 안내판).

전곡리 3호 고인돌

유물로 뗀석기 발굴

통현리 3호 고인돌

주변에서 뗀석기 발견

통현리 2호 고인돌

주변에서 여러 점의 뗀석기 발견

강화 오상 고인돌 군에서도 1점의 뗀석기가 출토되었다.

뗀석기에 인물상이 중첩하여 새겨져 있다.

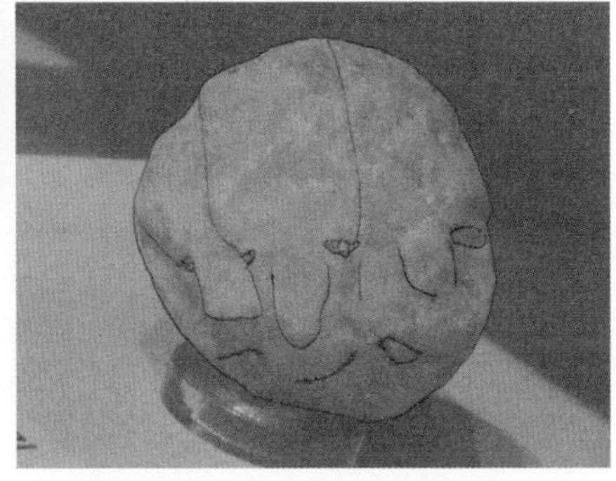

오상고인돌 군에서 구석기가 출토된 것이 이곳이 구석기인의 거주지였기 때문은 아닐까?

구석기인의 거주지였다면 다수의 구석기가 발견되었을 것이지만, 1점만이 출토되어 구석기인의 거주지와 관련이 없음을 의미하며, 따라서 의도적으로 매장한 것으로 판단할 수 있다.

연세대 박물관에 전시된 양평 앙덕리 고인돌은 남한강을 바라보며 줄지어 있었던 것을 발굴 조사 후 옮겨놓았다 하는데, 구석기가 출토되었다 한다(안내판).

여러 지역의 고인돌에서 구석기가 출토된 것은 고인돌이 구석기시대부터 제작되었다는 직접적 증거이다.

강화군청에 의하면, 오상 고인돌 군에서는 통상의 청동기시대 유물 외에 구석기, 빗살무늬토기, 분청사기, 백자에 이르기까지 다양한 시기의 유물이 출토되었다고 한다.

분청사기와 백자는 후대에 넣은 것으로 추정할 수도 있으나 구석기와 빗살무늬 토기가 함께 출토된 것은 설명이 어렵다. 구석기시대에 이미 문명이 발달해 분청사기, 백자가 제작된 것은 아닐까? 이는 구석기 제작에 기계가 사용되었다는 것과 상통한다.

강화 오상고인돌 군에서 다양한 시기의 유물이 함께 출토되었음은 유물이 전시된 박물관에는 전혀 표기가 없었고, 강화군청에 문의 과정에서 답변을 받은 것이다. 유물을 기존 이론의 틀에 맞지 않는 것은 후대에 묻었다거나, 시대를 이어가며 거주했다는 등의 해석을 하여 제외하고, 일치하는 것만 당시의 것으로 분류하여, 기존 이론의 틀에 맞추고 있지는 않은가 하는 의문이 든다.

이처럼 기존 이론의 틀에 맞추어 해석하는 것으로 보이는 예를 더 보기로 하자.

순천대 박물관에 전시된 여수 송도에서 출토된 신석기시대 유물을 '갈판과 갈돌'이라 하나, 갈판의 면적 이 너무 좁고, 여러 지역에서 발견된 다른 '갈판과 갈돌'들과도 많이 다른 모습이다.

구멍이 두 눈과 코, 입을 나타내는 생명형상이 분명해 신석기 시대에도 생명형상이 이어지고 있음을 나타낸다.

한국선사문화연구원이 발견한 단양 수양개 구석기에 새겨진 인물상의 눈과 입은 단순하게 일자의 선을 그은 것이 아니며, 적절하게 홈을 파내어 슬픈 듯, 또는 담담한 듯한 형언하기 어려운 묘한 느낌을 생생하게 살리고 있다.

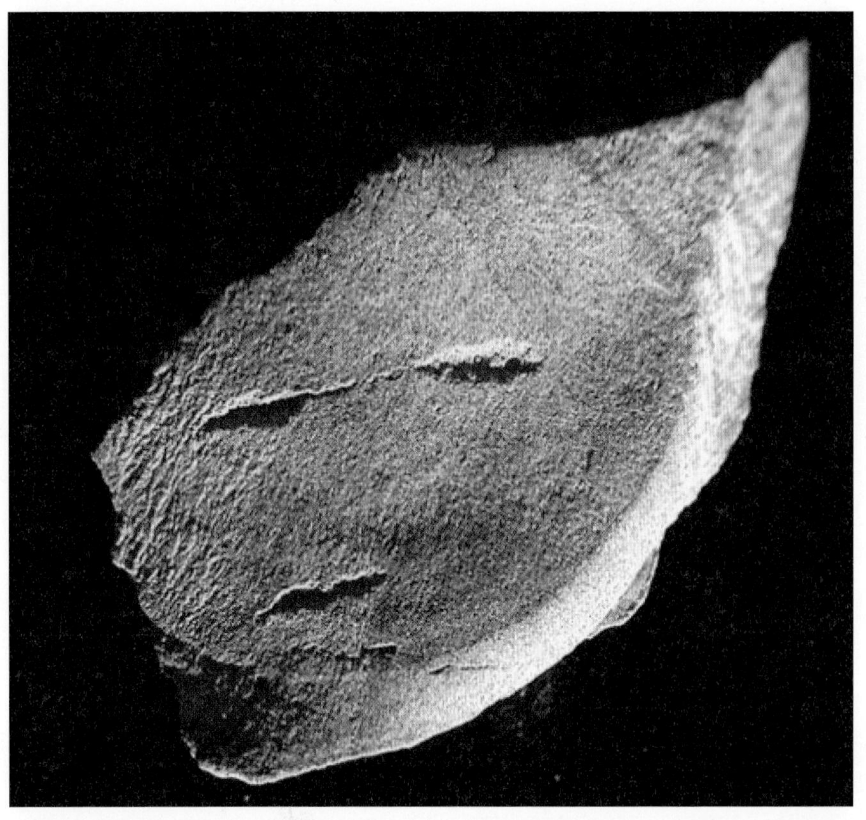

아래쪽과 옆쪽을 매끈하게 다듬었으며, 사람이 표현되어 있음이 분명한데도, 구석기인은 미개하다는 기존 이론의 틀에 맞추려는 의도가 강하니 반론도 많다고 한다.

눈과 입을 표시하는 홈을 섬세하게 새기기 어려운, 엄지손톱만한 크기의 작은 돌에 새겨진 이 인물상은, 구석기인이 높은 수준의 미의식과 기술을 지녔음을 나타내, 1장에서 살펴본 구석기의 인물상이 우연한 것이 아니며, 예술 작품임을 증명한다.

이처럼 기존 이론의 틀에 맞추어 분류된 유물이 다수 있을 것으로 보인다.

시대구분과 관련하여, 몇 가지 대표유물은 실용적으로 사용되기보다, 의도적으로 제작해 매장한 것이 아닌가 하는 의문이 든다.

신석기시대를 대표하는 유물인 빗살무늬토기는 '밑이 뾰족하여 세울 수 없는데'라는 의문을 끊임없이 불러일으키며, 다수의 빗살무늬토기에 나타난 정교하게 뚫린 구멍도 토기의 기능과 맞지 않아, 실용적으로 사용되었다기보다 의도적으로 제작해 놓은 것일 수 있다.

구멍이 형상의 눈을 표시하는 듯한데, 이에 대한 연구도 필요해 보인다.

유독 한반도에서 청동기시대 유물로 알려진 돌단검의 대부분이 출토된다는데, 이는 큰 의문이다.

손잡이까지 포함된 온전한 돌검을 도구를 이용하여 외부에서 다듬지 않고, 갈아서 제작하는 것이 가능한지도 의문이다. 돌검이 청동기시대에 실제 사용된 것이 아닌, 빗살무늬토기처럼 의도적으로 제작해 놓았을 가능성이 있는 것이다. 돌검에 길게 새겨진 홈에 대해 일본인 학자들이 피가 흘러내리는 통로가 되는 '피홈'이라 불러온 것을, 변광현 교수는 '검눈(劍眼)'이라 해석했는데, 이는 생명형상이 표현되기 어려운 돌검이 생명형상과 관련이 있음을 나타내는 중요한 사항이다.

청동기시대 곡물을 수확하는 도구로 알려진 반달돌칼도 돌을 반듯하고 얇게 갈기 어렵고, 무른 청동기와 석기로 뚫기 어려워 보이는 정교한 구멍이 나타나 있어, 돌검처럼 다른 기술로 의도적으로 제작해 놓은 것은 아닐까 판단된다.

구멍이 눈을 나타내는 듯해 생명형상과 관련이 있는 것으로 추정된다.

구석기 유물이 그러하듯 신석기시대와 청동기시대의 대표 유물들이 의도적으로 제작되어 매장된 것으로 추정되는데, 이를 재해석하여 진실을 밝혀나가야 할 것이다.

4장

고인돌의 축조 방법

강화 부근리 점골 고인돌 안내판에 탁자식 고인돌 축조 방법이 게시되어 있다.

바위를 능란하게 다룰 수 있었던 고인돌을 조성한 주체가 이 방식대로 고인돌을 축조하였을까? 안내판의 축조 모형은 전작에서 설명하였듯이, 고인돌 축조 방법이 될 수 없다.

③ 덮개돌 올리기를 보면 당기는 줄이 꺾여 있다.

줄은 일자로 당겨져 팽팽할 때만 힘이 더해지는데, 줄이 꺾여 있으니 줄이 꺾인 곳 뒤쪽 사람의 힘은 더해지지 않는다. 오히려 앞사람의 줄을 밑으로 당기게 되어 방해만 될 뿐이다.

줄을 이용하여 당기려면, 다음 강화 고인돌 박물관의 모형에서처럼, 줄의 길이만큼 바닥이 평평하여야 줄이 팽팽하게 당겨진다.

경사지에서는 당기는 줄이 구조적으로 팽팽할 수 없다. 경사지에서 줄이 꺾이지 않으려면, 경사로가 줄의 길이만큼 연장되어야 한다.

2장에서 살펴본 언양 고인돌은 300여 톤으로 추정된다. 1인이 100킬로그램을 끈다면 3,000여 명이 필요한데, 5줄로 당기고 사람 간격을 1미터로 한다면, 줄의 길이가 600미터에 이른다. 그런데 언양 고인돌이 놓여 있는 지형의 전·후·측면의 높이가 달라 줄을 이용하여 꺾이지 않고 당길 수 없다.

점골 고인돌은 무너져 있던 것을 복원하였다고 한다. 복원은 포클레인이 땅을 파고 기중기로 바위를 들어 이루어졌을 것이다. 복원 시 당연히 기계를 활용했을 것으로 생각하면서 고인돌 축조 당시에 기계를 활용하지 않았다고 확신하는 근거는 무엇인가?

문명의 발달 이론에 따르면, 고인돌 조성 당시에 기계가 사용되는 것은 전혀 타당하지 않다. 기계의 사용 없이 축조할 수 있을 것으로 추정되는 유일한 방법이 줄을 이용하여 여러 사람이 당기는 것이나, 이 역시 가능하지 않은 것으로 판명되었으니, 원점에서 축조 방법을 다시 생각해 보아야 한다.

한반도 최초의 고인돌에 관한 기록은 이규보의 『동국이상국집』에 수록되어 있는데, 1241년 전북 익산군 금마면의 고인돌을 구경하고 "지석이란 것은 세속에서 전하기를 옛날 성인이 고여 놓은 것이라 하는데, 과연 신기하고 이상하다."고 하였다 한다.

우리의 조상들은 고인돌을 줄로 끌어 쌓은 것으로 생각하지 않았던 것이다. 고인돌을 장수가 쌓았다 하여 '장수바위'라 부르기도 하는데, 성인과 장수가 고인돌을 쌓았다는 것은 육체적 힘과 함께, 여기에서 발현되는 정신의 힘을 바탕으로 한 고도의 문명이 발달하고, 기계 장치가 사용된 것을 의미하는 것은 아닐까?

기계장치가 사용되려면 먼저 쇠가 있어야 하므로, 당시에 쇠가 존재하였는지 추론해 보자.

강화 신삼리 고인돌 쐐기홈에 쇠가 박혀 있다.

후대에 누가 끼워 놓은 것일까?

쐐기홈의 깊이가 깊지 않은데, 여기에 딱 맞는 쇠조각을 찾아 끼워 놓는 것이 쉽지 않아 보인다. 쇠 주변에 물이 고일 것인데 녹이 슬어 있지 않아 일반적인 쇠와 다른 듯하다.

뜨거운 햇빛과 비바람에 노출돼 있는 인도 델리에 세워진 쇠기둥은 1500여년이 지났는데 거의 녹슬지 않았다 한다.

철의 순도가 아주 높거나, 함유된 인이 산화되어 쇠기둥 외벽에 보호 층을 형성하였기 때문이라는 연구가 있다 하는데, 이처럼 쇠의 성분 자체가 녹이 슬지 않도록 되어있다면, 앞으로도 지나온 세월보다 더 오래 유지 될 수도 있을 것이다.

쇠가 자연 상태에서 수천 년을 유지할 수 있음이 증명되므로, 신삼리 고인돌에 박힌 부러진 쇠쐐기가 고인돌 조성시의 것인지에 대한 조사가 필요해 보인다.

위의 쇠가 박혀 있는 신삼리 고인돌 아래에 백자 조각 2개가 보인다.

고인돌이 놓여 있는 흙더미 속에 묻혀 있던 것이 드러났다면, 이 조각들은 고인돌 조성 당시의 것일 수 있다.

이천 지석리 고인돌에서도 백자 조각이 발견되었다고 한다.

지석리(支石里) 마을 진입로(進入路)에서 오른쪽으로 50m 가량 떨어진 경지 정리된 논에 위치해 있는 선사시대(先史時代) 유적(遺蹟)이다.
이 지석묘는 그 형태로 보아 현실(玄室)을 지하에 두고 그 위에 개석(蓋石)을 얹은 탁자식(卓子式)이며 부락 촌로(村老)들에 의하면 오래 전 이곳에서 돌칼. 돌화살촉등의 유물이 출토되었다고 하나 그 행방은 알 수 없으며 2000년 3월 세종대학교 박물관에서 발굴조사 결과 이 고인돌을 숭배하면서 껴묻기한 [X]표시의 백자 조각이 발견되었다.
지석묘가 위치한 지역 일대에는 봉토분(封土墳) 적석총(積石塚)으로 보이는 고총(古塚)들이 있어 청동기시대(青銅器時代) 또는 백제(百濟) 초기의 고분연구에 좋은 자료를 제공해 주고 있다.
일반적으로 지석묘가 청동기시대 부족장(部族長)의 무덤으로 추정되는 만큼, 지석리(支石里)를 중심한 일대의 지역이 선사시대에 이미 적지 않은 규모의 부족집단의 취락(聚落)이었을 가능성이 많다.
이 지속묘에서 유래된 것으로 보이는 지석리(支石里)라는 한자명(漢子名)이나 괸돌(또는 괸돌)이라고 예부터 불려온 자연부락명(自然部落名)에서 이 지석묘의 존재와 의의는 더욱 두드러지는데, 지금의 위치는 행정구역상 수하리(水下里) 지역이다.

숭배해서 후대에 묻은 것으로 추정하는데, 숭배해서 묻었다면 온전한 전체를 묻지, 작은 조각 하나를 묻지는 않을 것이다. 고인돌 조성 시의 것일 가능성이 큰 것이다.

이천 지석리 고인돌에서 백자 조각이 출토됨은 강화 오상 고인돌 군에서 발굴된 분청사기, 백자가 고인돌 조성 당시의 물건임을 강력히 뒷받침한다.

고인돌에 백자조각과 백자, 분청사기를 묻은 데는 상당한 이유가 있을 것이다. 자기를 소성하려면 1300℃의 고온이 필요한데, 이는 쇠를 녹일 수 있는 온도로 도자기가 제작되었다면 쇠의 제작도 가능함을 의미한다.

화순 이십곡리 고인돌에 착암기 구멍자국이 남아 있다. 생명형상의 분석을 통해 착암기 구멍이 고인돌 조성 당시의 것인지 살펴보자.

둥근 형태의 바위에 착암기 구멍을 뚫고 구멍에 맞추어 도려내듯 바위를 잘라 냈다.

고인돌 조성 시에 바위를 도려내듯 잘라낼 수 있었음은 다음 고창 고인돌을 보면 명백하다.

착암기 구멍이 입을 이루는 생명형상이 나타나 있다.

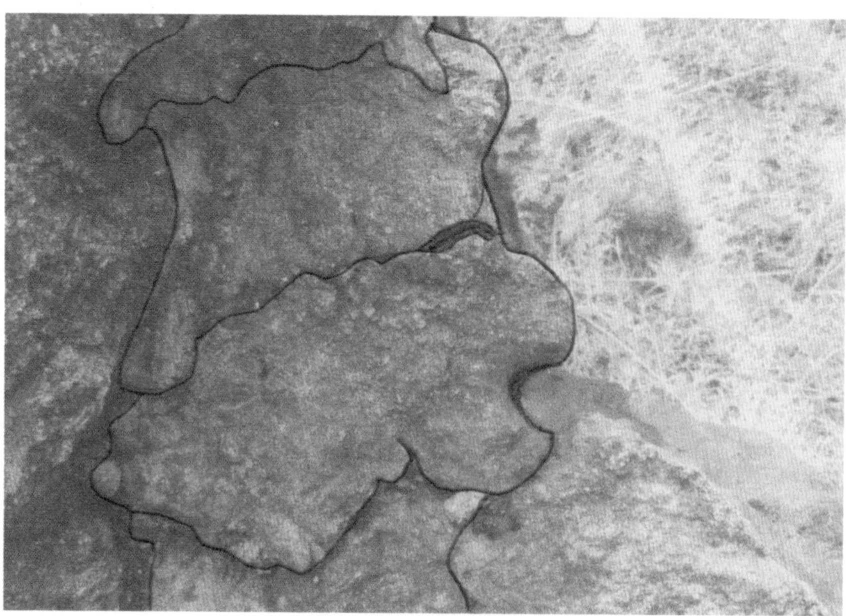

현대에 어떤 필요에 의해 바위를 깨트릴 목적이었다면, 착암기로 구멍을 여러 곳 뚫어, 작은 조각으로 분해했을 것이며, 이처럼 하나의 구멍만 뚫고, 일부분만 분리해낼 이유가 없을 것이다.

착암기 구멍을 활용한 생명형상은 이 착암기 구멍이 고인돌 조성 시에 형성되었음을 의미하여, 고인돌 조성 시 기계장치가 사용되었음을 나타낸다.

따라서 고인돌 축조에도 기계장치가 활용되었다는 결론에 이른다.

5장

암각화의 생명형상

1. 포항 칠포리 암각화

안내판에 "사암에 새겨져 있으며, 칠포리 암각화 군의 대표적"이라고 소개된 다음 암각화의 생명형상을 살펴보자.

암각화가 새겨진 바위는 개별 바위처럼 보이나 뒤쪽이 암반에 붙어 있으며, 밑 부분과 둘레를 파내어 형태를 조성한 것이다. 옆에 작은 바위가 놓여 있다.

사암은 모래입자가 뭉쳐 굳어진 것으로 강도가 매우 약하다. 칠포리 암각화는 무른 사암에 새겨졌으므로, 풍화에 약할 것인데도 뚜렷한 선을 유지하고 있어, 다른 암각화들과 고인돌에 나타난 선이 풍화의 산물이 아니며, 조성 당시의 원형임을 뒷받침하는 중요한 의미를 지닌다.

문양이 형상을 나타내는 듯하다. 구멍이 눈을 표시한다.

위 문양의 외곽선과 아래 문양의 외곽선이 이어지며 인물상의 윤곽선을 이루었다. 문양의 구멍이 눈을 나타낸다.

형상이 중첩되어 있다.

얼굴 부분이 흰색을 띠며 머리카락 부분과 구별된다.

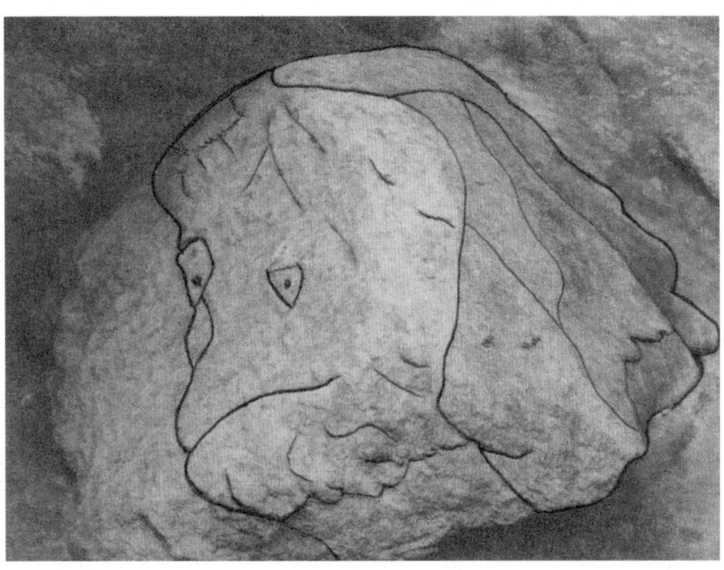

바위 윗면의 인물상

암각화가 새겨진 사암이 개별 바위가 아닌 암반의 일부를 다듬은 것이 잘 나타난다.

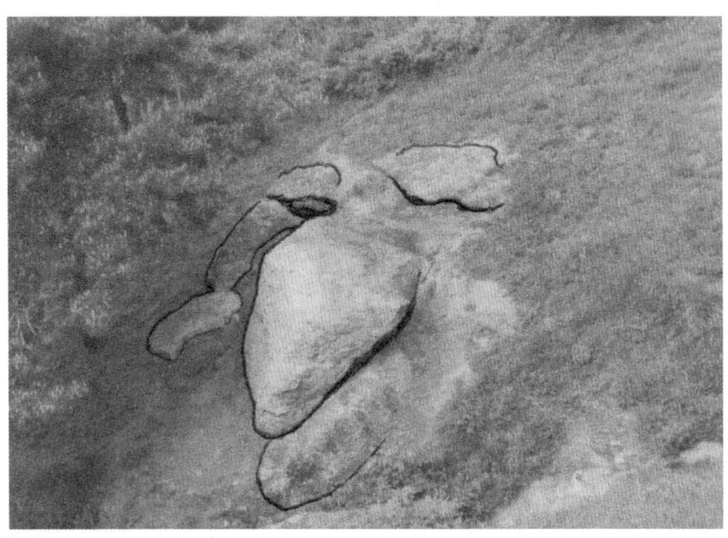

옆에 놓여 있는 바위에 쐐기홈 자국이 있다.

쐐기홈을 이용하여 바위를 잘라 옮겨 놓은 점이 고인돌과 유사하다. 다수의 고인돌에도 쐐기홈이 파여 있어, 암각화가 고인돌과 연관성이 있음을 나타낸다.

쐐기홈을 이용해 자른 바위가 형상을 나타낸다.

위 암각화에서 10여 미터 떨어진 곳에 있는 암반을 살펴보자. 이 암반도 칠포리 암각화 군의 하나일 것이다.

두 구멍이 눈을 이루고 두꺼운 선으로 윤곽선을 나타낸 인물상

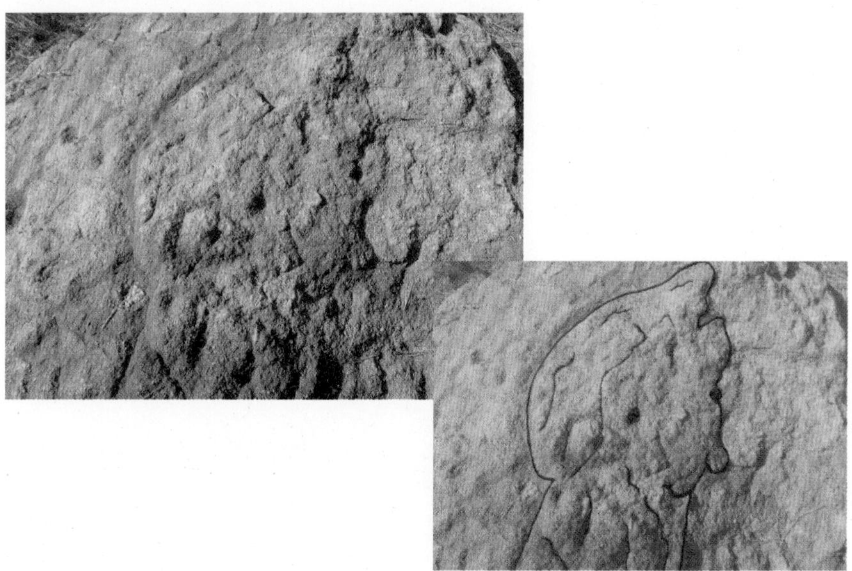

바위구멍(성혈)이 인물상의 눈을 이루고, 바위를 다듬은 두꺼운 선이 윤곽선을 나타낸다. 암각화에 새겨진 그림이나 형상이 무엇인가를 표현하고 있듯이, 바위 구멍도 무엇인가를 표현하기 위해 새긴 것으로 유추할 수 있다.

영천 보성리 암각화에도 바위구멍이 눈을 나타내는 인물상이 보인다. 좌우의 두 문양의 외곽선이 형상의 윤곽선을 이룬다. 짧게 파낸 홈의 선이 입을 표시한다.

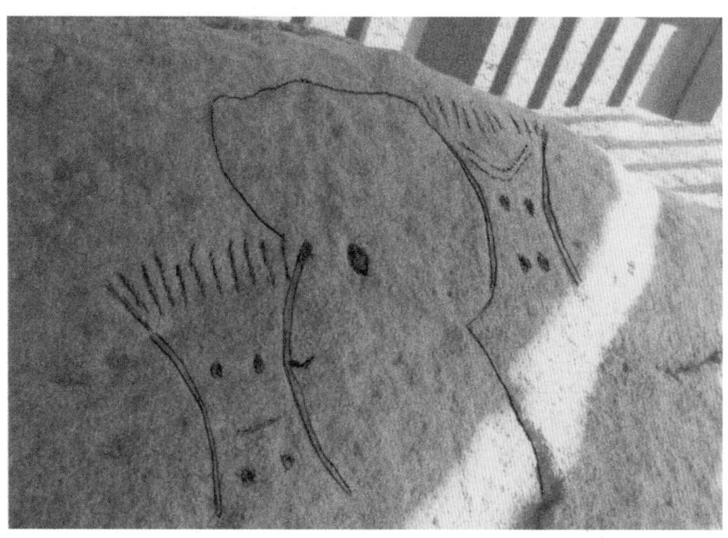

문양의 외곽선과 연결하여 선을 그어 머리 윗부분을 표시하고, 바위의 형태를 다듬어 앞머리를 표현함이 잘 나타난다.

고인돌처럼 암각화에 생명형상이 새겨졌으며, 고인돌에 많이 나타나 생명형상을 표현하는 기능을 하는 바위구멍(성혈)이 암각화에서도 동일한 기능을 하여 고인돌과 암각화가 동일 주체에 의해 조성된 것으로 판단된다.

2. 경주 석장동 암각화

많은 선이 그어져 있는데 자연적인 것은 아닐 것이다. 선의 의미는 무엇일까?

지금까지 암각화 연구는 문양에만 주목하고, 길게 그어져 있는 선은 연구하지 않아 암각화의 전체적인 의미를 이해하지 못 하였다.

문양이 인물상을 나타내고 있다. 구멍이 눈을 표시한다.

선이 형상의 윤곽선을 나타낸다.

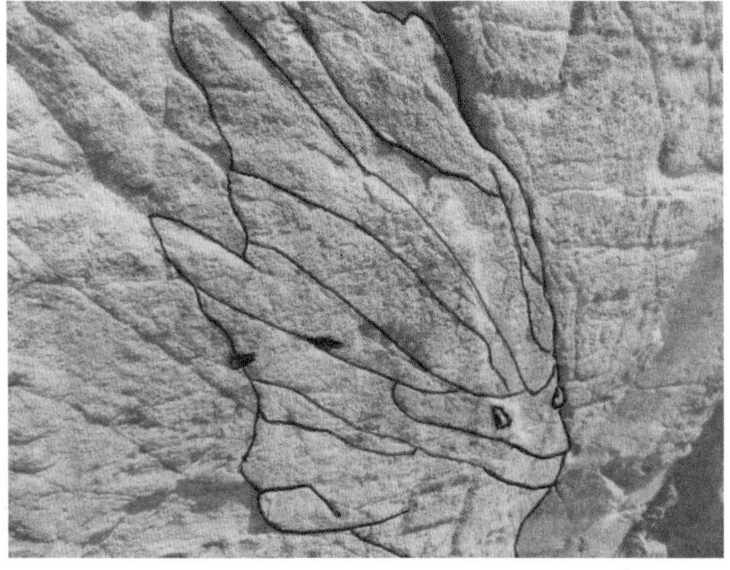

문양이 눈을 나타낸다.

선이 먼저 그어졌을까? 문양이 먼저일까? 얕은 선이 문양을 새겨 깊게 패인 곳에서도 뚜렷하게 이어지고 있다. 선이 먼저라면 문양을 새길 때 지워졌을 것이다.

함안 도항리 고인돌에도, 동심원을 새긴 깊은 홈에 얕은 선이 이어지고 있어, 동심원을 새기고 선을 그은 것을 알 수 있다.

문양을 새기기 전에는 선이 나타나 있지 않았다는 것인데, 풍화로 선이 그어질 수 없음을 감안하면 암각화와 고인돌을 조성한 주체가 그은 것으로 보아야 한다.

비석에 새겨진 글은 오랜 시간이 지나면 풍화되어 작은 홈이나 선들이 무수히 나타나며, 점차 형태를 잃고 희미해진다. 시간이 지나며 글자가 선명해지는 경우는 없는데, 이는 없는 글자가 풍화로 새겨지지 않는 것과 같다.

고인돌과 암각화의 반듯하거나 길게 이어지는 뚜렷한 선들이 사람에 의해 그어졌는가의 여부는 비석의 예처럼 상식적 차원으로 접근하면 쉽게 해결될 사안인 듯하다.

반듯하게 두 선이 그어져 직사각형 형태를 이룬다.

선의 아래 부분이 더 넓다. 바위를 잘라 선을 긋고, 아래 부분을 더 넓게 잘라낸 형태다.

바위를 자를 수 있었음이 증명되는데, 잘린 부분이 기계칼로 자른 것과 다르다.

고령 장기리 암각화의 바위가 반듯하게 잘렸는데, 잘린 면이 기계 칼로 자른 것과 달리 완전 평면이 아니다. 바위를 자르거나 형상을 새긴 도구가 현대의 기계장치를 넘어서는 고도의 기능을 갖춘 것으로 해석된다.

암각화가 새겨진 암벽은 자연적으로 형성된 것이 아니며, 경사진 산을 절개하여 반듯하게 다듬은 것이다.

바닥에 나타난 형상

암벽과 주변이 모두 다듬어졌음을 알 수 있다.

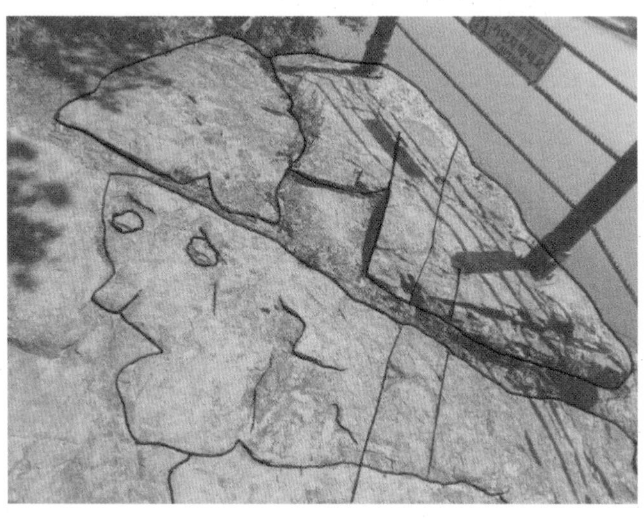

3. 문양의 의미

포항 칠포리와 경주 석장동의 암각화에서, 문양과 문양의 구멍이 형상의 눈과 코 등을 나타냄을 보았다. 암각화의 문양은 그 자체로도 의미가 있겠으나 그보다 형상의 눈과 코, 입 그리고 윤곽선을 이루는 것이 주목적인 듯하다.

문양이 형상을 이루는 기능을 하는 예를 더 살펴보자.

남원 대곡리의 암각화가 새겨진 바위가 물고기 형상을 띠고 있다.

문양이 인물상을 나타낸다.

위 문양의 구멍이 눈을 나타낸다. 고인돌에 나타나는 바위구멍(성혈)과 같은 기능을 함을 알 수 있다.

함안 도항리 고인돌의 동심원이 형상의 눈과 코, 입을 표시하고 있다.

고령 장기리 암각화의 동심원이 눈을 나타낸다.

많은 문양과 선이 나타난 울주 천전리 각석을 살펴보자.

문양이 인물상의 주름을 이룬다.

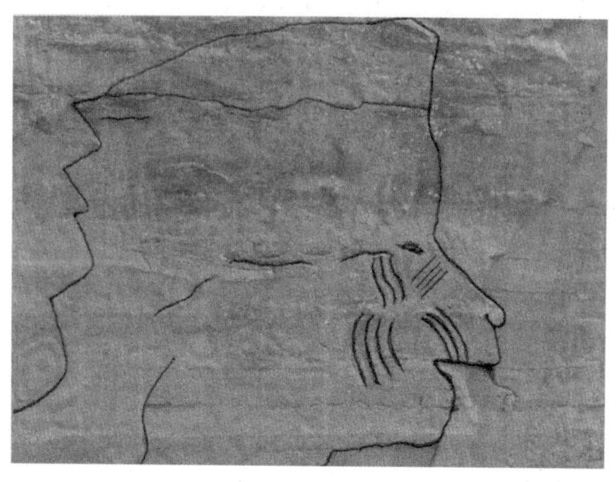

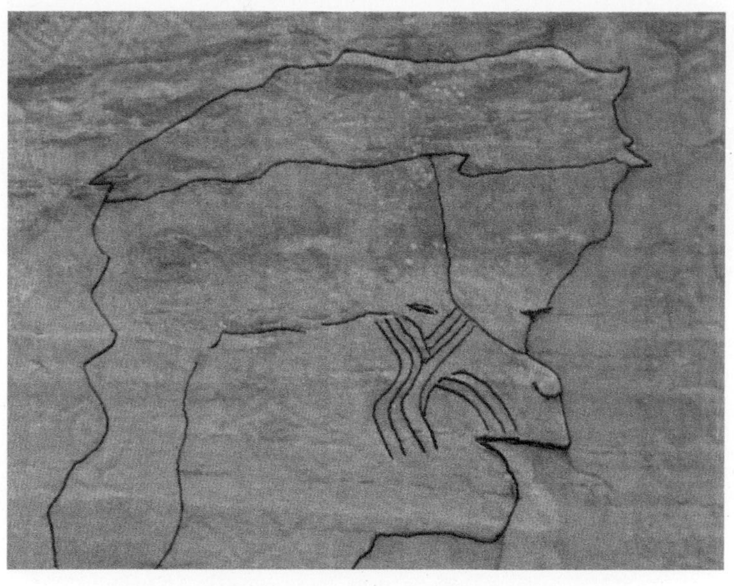

길게 이어진 선이 나타나 있다. 기존의 암각화 연구는 깊게 새겨진 문양에 가려 이처럼 길게 이어지는 선을 주목하지 못 하였다.

긴 선이 윤곽선을 이루고 얕게 떼어낸 부분이 입을, 문양이 눈을 나타낸다. 눈은 여러 곳이 표시될 수 있다.

천전리 각석의 안내판 사진을 보자.

안내판의 사진은 흰색을 띠는데 앞의 사진과 동일한 위치에 전혀 다른 형상이 나타난다. 문양이 눈을 나타낸다.

반구대 암각화의 동물형상이 중첩된 두 인물상의 앞 머리카락을 이룬다. 문양과 동일하게 인물상을 표현하는 기능을 하는 것이다.
바위를 반듯하게 잘라내 뒷 머리카락과 어깨를 구분하였다.

4. 암각화와 문자

천전리 각석의 문양이 형상을 이루는 것을 살펴보았는데, 문양은 각석의 위쪽 부분에 새겨져 있고, 아래 부분에는 가는 선들이 많이 그어져 있다. 선과 함께 한자가 여러 자 적혀 있는데 선이 무엇을 의미하는지, 그리고 한자와 관련성이 있는지를 분석해 보기로 하자.

안내장에는 선들이 신라시대에 그어진 것으로 추정하며, 날카로운 금속도구를 이용해 그어서 새긴 세선화라 하고 있다. 세선화는 말을 끌거나 타고 있는 인물상, 말 등이 행렬을 이루고 있으며, 용 그림 등도 확인된다고 한다.

용무늬
Dragon pattern

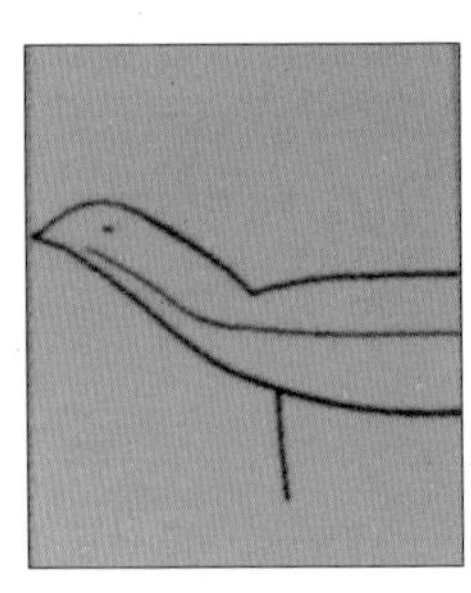
새무늬
Bird pattern

기마행렬도
A painting of a cavalcade

「한국의 암각화」(임세권 지음, 대원사, 84쪽)에는 세선화에 대하여 다음과 같이 기술하고 있다.

"철기로 깎아 새긴 가는 선 그림들

주로 하단부에 분포하며 특히 하단 중심부에 집중되어 있다.

-중략-

바위면의 왼쪽 부분은 비교적 글자가 적고 가늘게 새긴 평행사선이 많이 보이며, 이들과 함께 인물입상과 기마 인물상 등이 여럿 보인다. 그러나 이 선각들은 매우 가는 선으로 되어 있으며, 더구나 마멸이 심하여 정확한 형태를 알아보기가 매우 어렵다. 비교적 뚜렷한 형태를 보여 주는 것은 아랫부분에 길게 새겨진 기마인물 행렬도이다."

신라시대 명문이 새겨져 있고, 날카로운 금속도구 이외의 방법으로 새길 수 없을 만큼 선이 가늘므로 신라시대로 추정하나, 가는 선 이외에 다양한 두께의 선이 있고, 무수히 많은 선을 그어놓은 이유도 분명치 않다.

각석의 윗부분에 새겨진 문양이 생명형상을 나타내므로, 아랫부분의 선들도 생명형상과 관계가 있다면, 윗부분과 아랫부분을 동일한 주체가 새긴 것이 증명된다.

서 있는 인물상이다.

가늘게 새겨진 선이 형상을 그리고 있음이 잘 나타난다. 홈을 파 눈을 표시하였다.

안내장에 기마행렬도로 소개된 형상을 보면, 홈을 파서 눈을 나타내고, 선을 그어 입을 표시하였다. 홈이 눈을 나타내는 기능을 하고 있음이 확인된다.

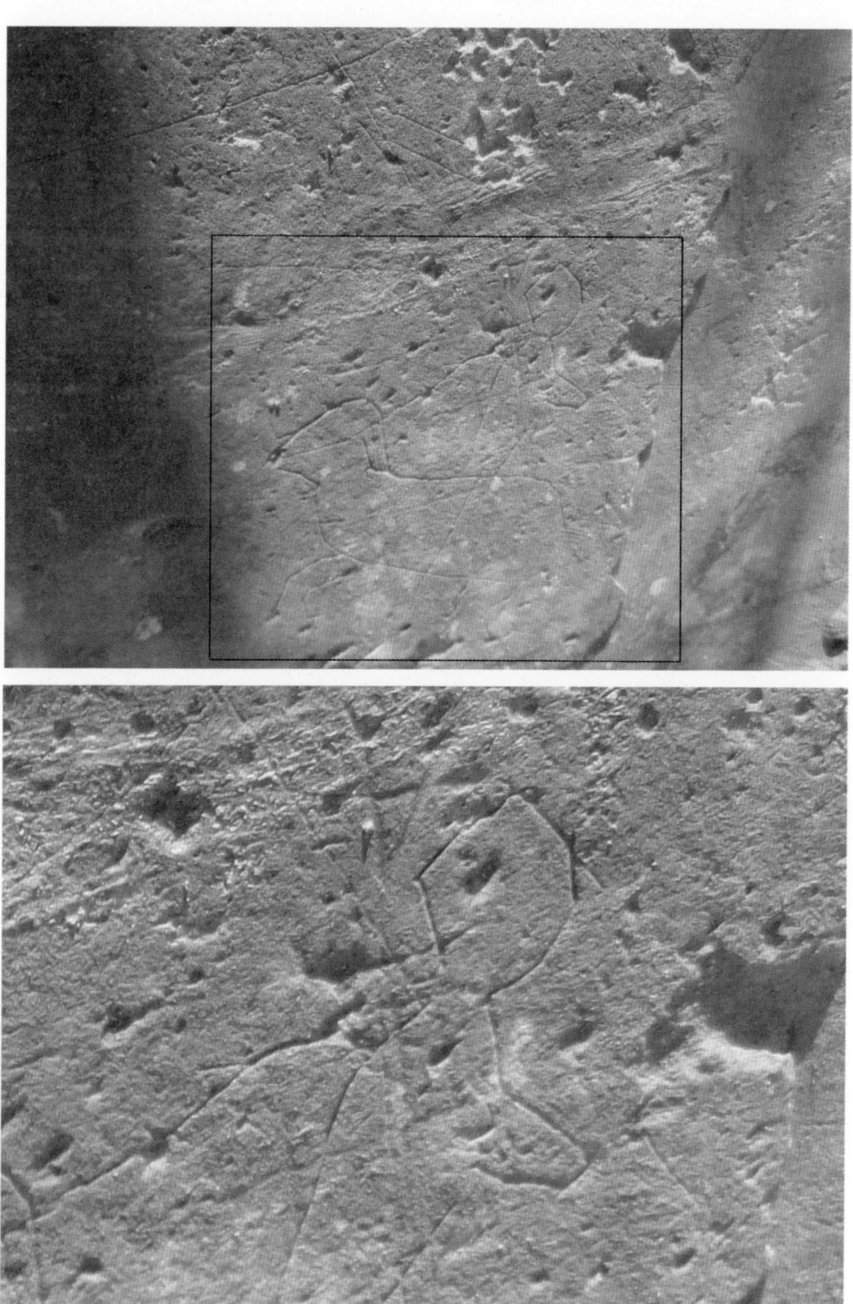

선으로 윤곽선을 그리고 홈을 파 눈을 표시하였다.

홈이 장식 모자를 쓴 인물상의 눈과 입을 표시한다.

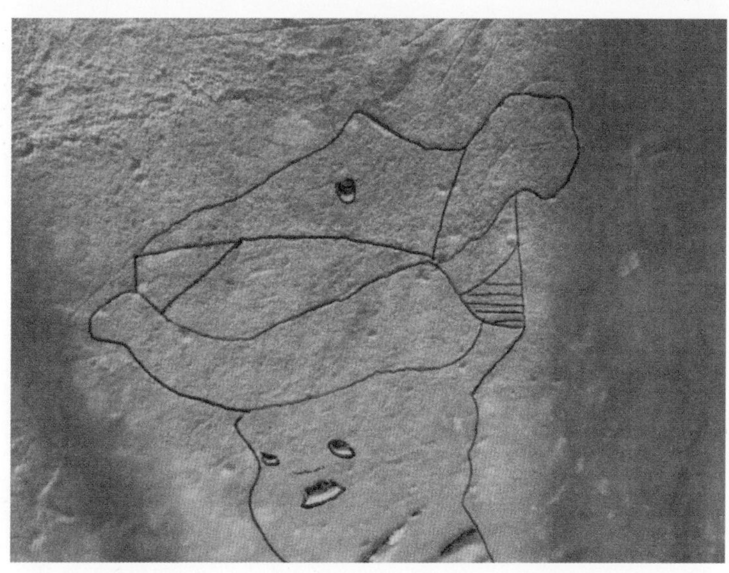

선으로 윤곽선을 그리고 홈으로 눈을 나타냈다.

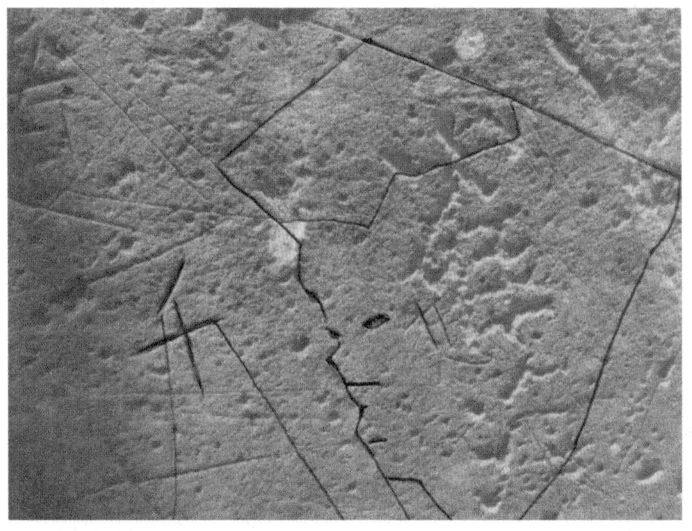

물고기 형상 아랫부분에 인물상이 보인다.

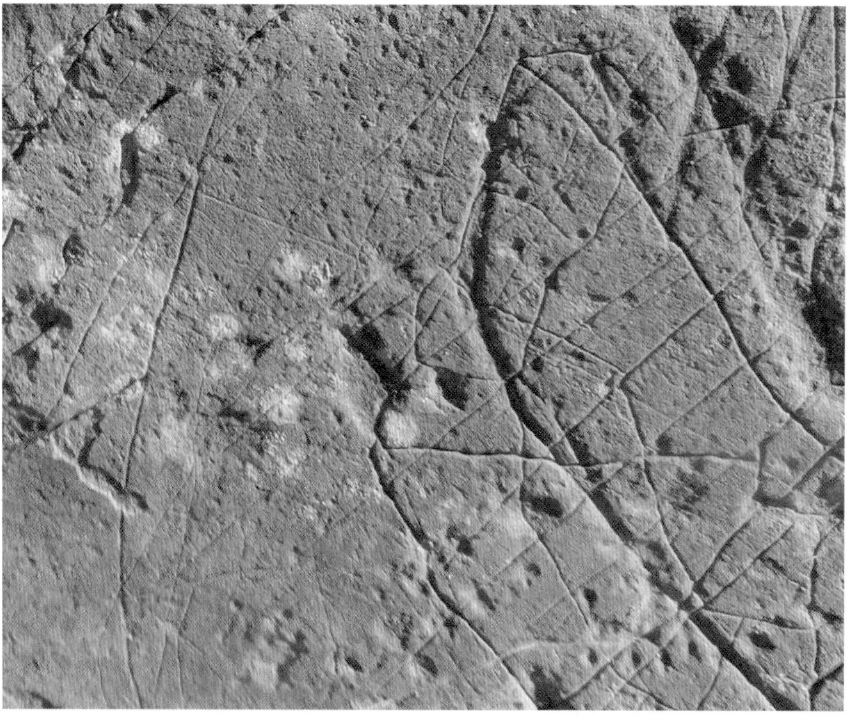

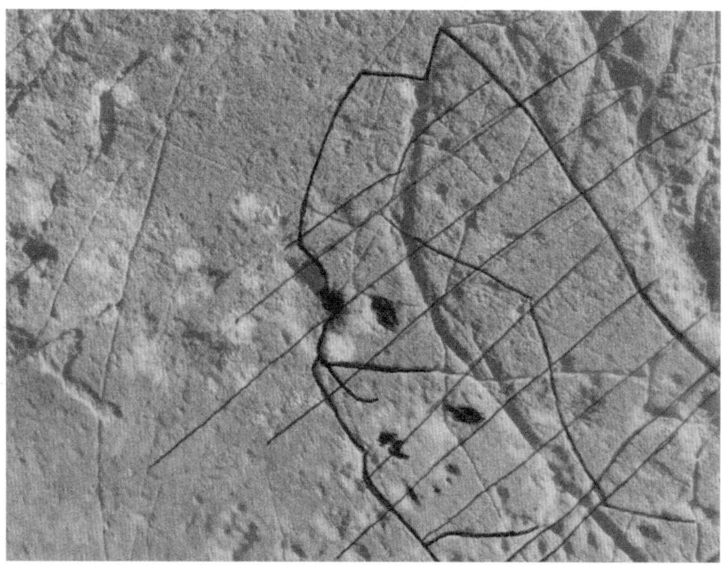

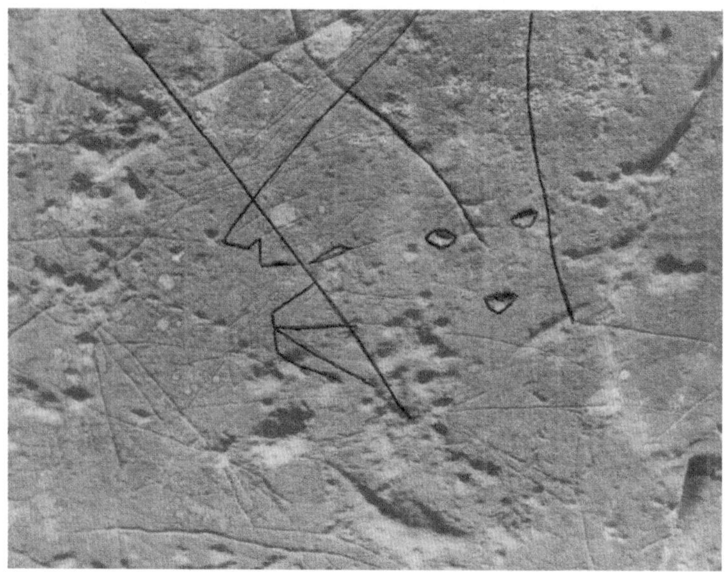

다양한 두께의 선들이 형상을 나타내는 기능을 하여, 문양과 동일한 주체에 의해 새겨진 것으로 결론 내릴 수 있다.

이제 선과 한자와의 관련성을 살펴보자.

한자와 선이 연결되어 있어 한자와 선을 새긴 주체가 동일함을 알 수 있다.

王자의 아래 획과 두꺼운 선이 연결되어 있으며, 선들이 형상을 이루고 있다.

郎자가 형상의 코를 나타낸다.

文자가 형상의 턱 부위를 이루고, 우측의 뚜렷하지 않은 文자가 형상의 입을 이루었다.

土자에 선이 연결되어 있고, 글자의 홈이 형상의 입을 나타낸다.

선과 한자가 함께 형상을 이루는 기능을 하여 윗면의 문양과 아래 면의 선을 새긴 주체가 한자도 새겼으며, 따라서 천전리 각석이 새겨진 때에 한자가 사용되었다는 결론에 이른다.

상주에서 사람 형상이 새겨진 암각화가 발견되었는데, 암각화에 '三月'이란 한자와 '경신'이란 한글이 새겨져 있다 한다(경북일보, 2017.01.04.).

문자가 사용된 역사시대 이전의 선사시대에 암각화가 조성되었으므로, 당시에는 글자가 없었다는 전제 하에 한자와 한글은 후대에 새긴 것으로 추정하는데, 천전리 각석에서 보았듯이 한자는 암각화 조성시기에 이미 사용된 듯하므로, 이 한자가 후대에 새겨지기보다 암각화 조성 당시 함께 새겨진 것으로 보는 것이 타당하다.

전작에서 살펴보았고 뒤에서도 보겠지만 한글도 생명형상을 표현하는 기능을 하는 경우가 있으므로, 암각화 조성 당시에 한글 또한 사용되고 있었으며, 따라서 상주 암각화에 새겨진 한글도 암각화 조성 당시에 새겨진 것으로 보아야 할 듯하다.

역으로 해석하면 상주 암각화에 새겨진 한자와 한글은, 암각화 조성 당시에 한자와 한글이 사용되었으며, 당시에 문자를 사용한 발달한 문명이 있었음을 뒷받침하는 물증이 된다.

암각화는 고대인이 풍요를 기원하는 등의 주술적 목적으로 새긴 것이 아닌, 고도의 지성을 지닌 주체가 의도적으로 조성하여 놓은 것으로 보인다.

바위에 다양한 두께의 선을 자유롭게 그을 수 있으며, 집중 연구에도 전체의 의미가 드러나지 않았을 정도로 교묘한 구도를 갖추고 있다.

인물상의 표현이 주목적임에도, 문양과 선을 활용한 다양한 형태의 인물상을 파악하지 못 하였다.

반구대 암각화에 팔다리를 벌린 듯한 작은 인물상 등을 새겨 놓고, 천전리 각석에도 각진 얼굴 하나를 소규모로 새겨 놓아 시선을 분산한 듯하다.

생명형상의 존재를 미리 알고 접근하지 않으면 암각화를 분석하여도 전체의 의미를 파악할 수 없게 구조화되어 있는 것이다.

고인돌이 거대한 바위를 운반하고 다듬어 형상을 새길 수 있었음을 거칠게 보여준다면, 암각화는 현대인을 한 차원 넘어서는 고도의 사고력과 조형미 의식을 지녔음을 여실히 증명하고 있다.

6장

공룡발자국 화석과 돌개구멍의 의미

지질학에서는 하천과 계곡 암반에 나타난 둥근 원통형의 홈에 대해, 주로 두 가지로 형성요인을 설명하는 듯한데, 공룡발자국 화석과 돌개구멍이다.

보행한 것처럼 일정한 간격으로 나타나거나, 형태가 공룡발자국과 유사한 것은 공룡발자국으로, 공룡발자국과 유사성이 없는 것은 돌개구멍으로 설명한다.

그런데 부산 이기대 해안의 홈들은 그 구별이 쉽지 않은 듯하다.

"부산 용호대·이기대 홈들은 2013년까지 공룡발자국으로 추정하였다."(태종대 · 이기대 · 오륙도에서 바다만 보았나요., 국민일보, 2015.12. 17.)

이기대의 홈들이 공룡발자국 화석으로 추정되다, 아닌 것으로 바뀌었으니, 돌개구멍으로 해석할 것인데, 돌개구멍이 바닷가 암반에 생길 수 있을지 의문이다.

돌개구멍은 다음과 같이 정의된다.

"하상 암반의 오목한 곳이나 깨진 곳에 와류가 생기면 그 에너지에 의해 원통형의 깊은 구멍이 생겨난 것이다."(두산백과)

하상에서는 물의 흐름이 한 방향으로 일정한데 반해, 파도는 불규칙하고 양방향으로 물이 교차하며 움직이므로, 하상에서 생기는 돌개구멍이 생길 수 없다.

이기대의 홈들이 돌개구멍으로도 설명이 안되는 것이다.

이처럼 공룡발자국으로도, 돌개구멍으로도 설명이 안되는 홈들은 어떻게 생겨난 것일까?

고인돌과 암각화에서 살펴보았듯이, 사람이 바위에 구멍을 파거나 선을 긋는 행위를 하고 있으므로, 자연현상만으로 설명이 안될 때는 사람에 의한 것인지 분석해 보아야 한다.

이기대의 홈들이 생명형상을 나타내, 사람에 의한 것으로 보인다(사진: 「박맹언 교수의 돌 이야기」, 산지니, 83쪽).

전작에서 고성, 해남 등의 공룡발자국 화석지가 사람에 의해 다듬어진 곳이며, 공룡발자국 화석은 일종의 암각화라 설명하였는데, 여기에서는 순창 공룡발자국 화석지와 요강바위, 천전리 각석 부근의 공룡발자국 화석지를 분석해, 공룡발자국 화석과 돌개구멍의 의미를 파악해 보고자 한다.

1. 순창 공룡발자국 화석지

순창 구림면 섬진강 지류 하천의 공룡발자국 화석지는, 하천 내부 암반에 존재하며, 규모가 크지 않다.

공룡발자국의 모습

일정한 간격으로 평행하게 그어진 다수의 선들은, 사람에 의한 것이 분명하며, 이는 암반에 사람의 손길이 작용한 직접적 증거가 된다.

화석지가 사람에 의해 다듬어진 것인지를 생명형상의 분석을 통해 살펴보자.

물이 형상의 윤곽선을 이루는 인물상

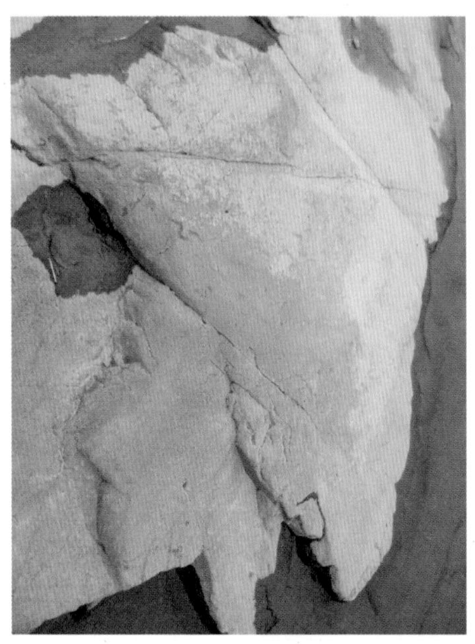

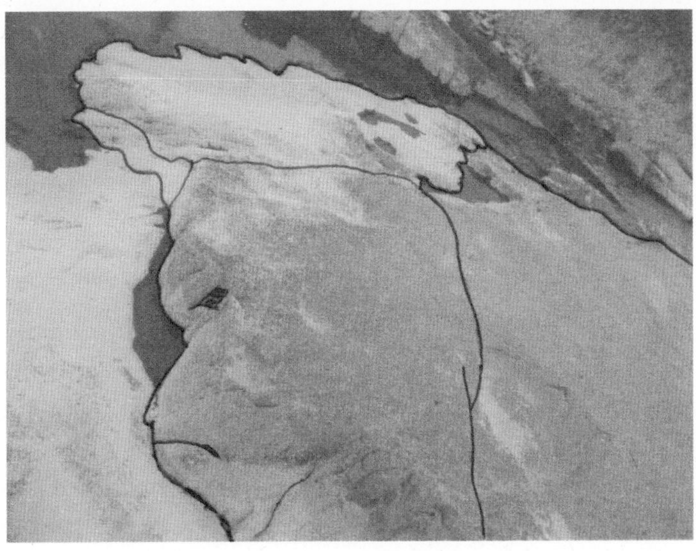

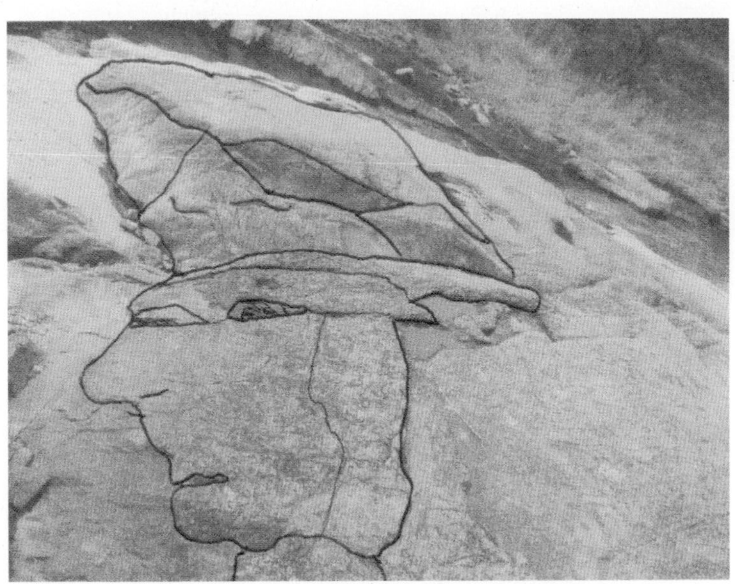

공룡발자국 홈에 물이 고여 눈을 나타내는 형상

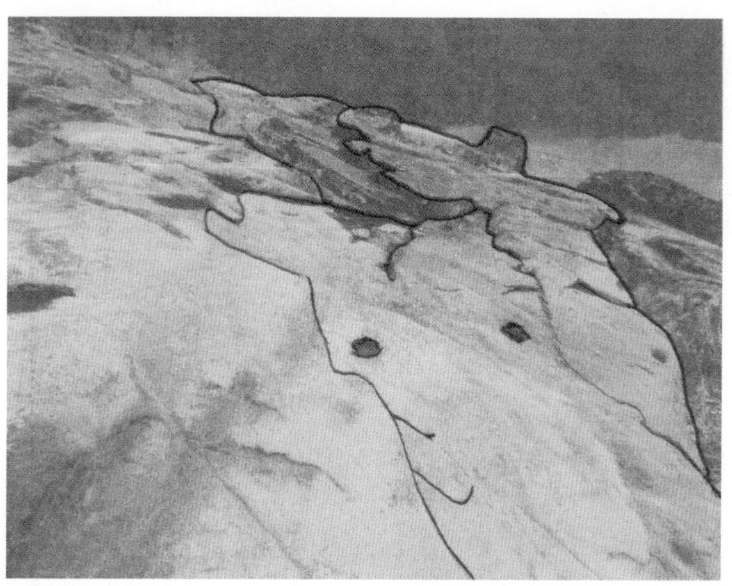

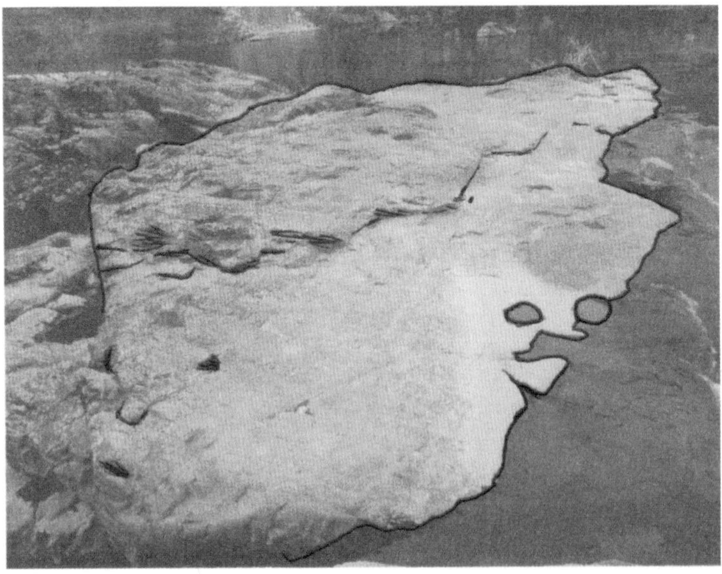

공룡발자국의 둥근 형태와 다르게, 불규칙한 형태의 홈에 물이 고여 눈을 이루는 형상

깊게 파인 평행의 직선과 다른 직선이 교차하고 있다. 이처럼 반듯한 선들이 자연적으로 그어질 수는 없을 것이므로, 고인돌과 암각화에서처럼 사람이 그은 것으로 추정할 수 있다.

선이 형상의 윤곽선을 나타낸다.

길게 그어진 선이 윤곽선을 이룬다.

선이 윤곽선을 이루고 공룡발자국 홈이 눈을 나타낸다.

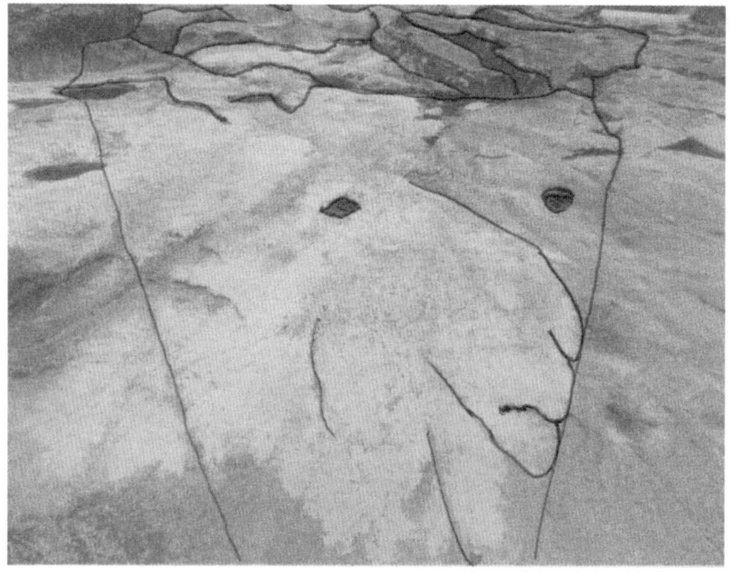

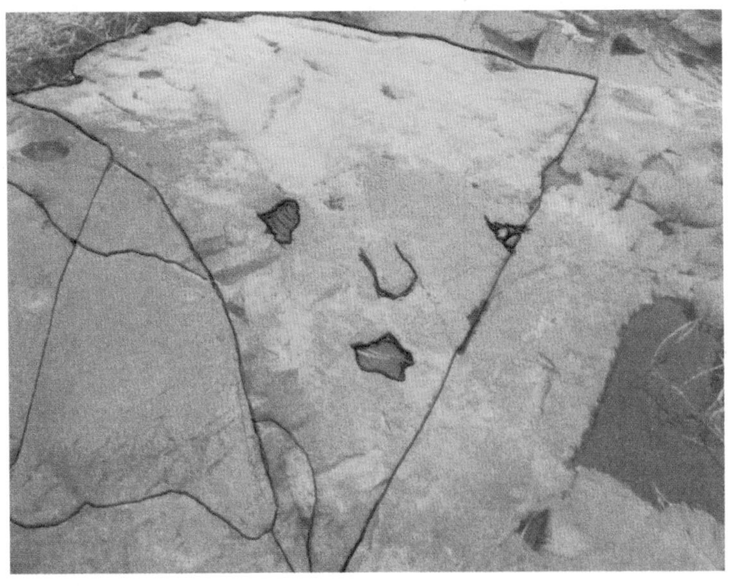

물과 어우러지며 나타난 형상

순창 공룡발자국 화석지는 선과, 홈, 바위의 형태를 이용해 형상을 나타내도록, 사람에 의해 전면적으로 다듬어진 곳이며, 따라서 공룡발자국으로 알려진 홈 또한 공룡발자국이 아닌, 사람에 의해 생성된 것으로 해석된다.

홈들이 형상의 눈, 코, 입 등을 표시해, 형상을 이루는 기능을 하며, 자체로도 공룡발자국 형상을 뚜렷하게 나타내기도 하므로, 일종의 암각화라 결론내릴 수 있다.

2. 돌개구멍과 순창 요강바위

순창 요강바위 주변의 암반에, 둥글게 홈이 패어 여러 곳에 물이 고여 있다.

순창 공룡발자국 화석과 유사한 홈이 많은데 이를 공룡발자국으로 보지 않는 이유는, 규모가 큰 것과 습곡형태가 함께 나타나기 때문일 것이다.

공룡발자국과 유사한 홈들이 공룡발자국이 아니라면 돌개구멍으로 설명할 것인데, 요강바위와 주변 암반에 나타난 생명형상을 통하여, 이곳의 돌개구멍과 습곡형태가 사람에 의해 형성된 것인지를 분석해 보자.

물이 고인 홈이 눈과 입을 나타내는 다양한 형상

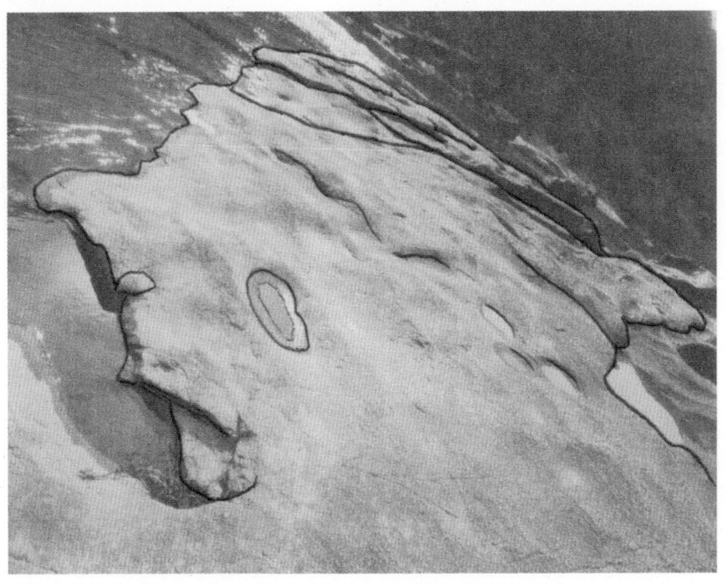

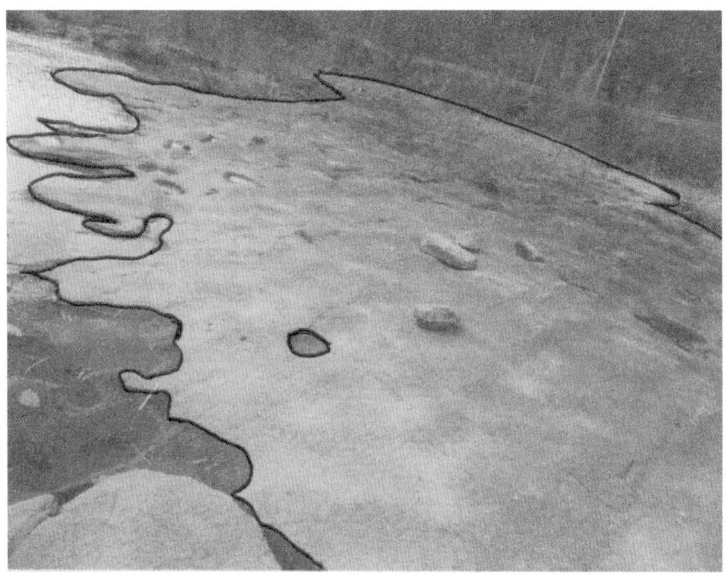

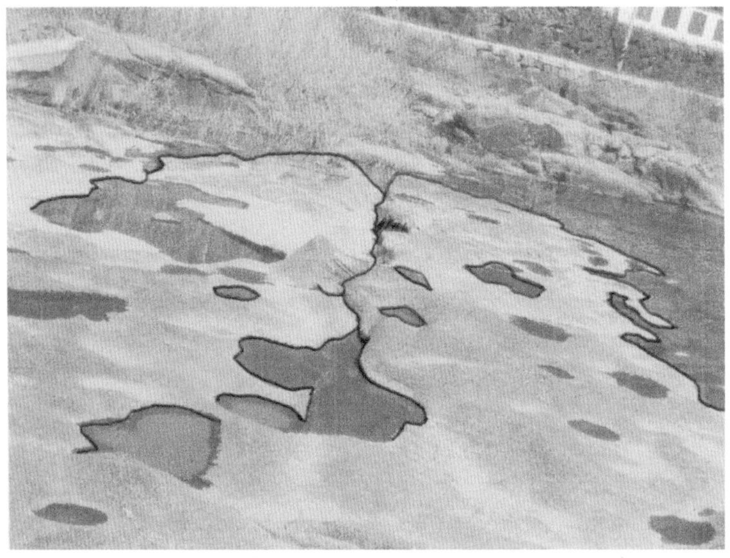

돌개구멍으로 설명될 홈들이, 형상의 눈과 코, 입을 나타내, 생명형상을 표현하는 기능을 하고 있다.

이는 돌개구멍으로 알려진 홈이 자연현상이 아닌 사람에 의해 형성되었음을 의미한다.

선이 홈을 지나고 있는데, 얕은 선들이 깊게 파인 홈에서도 뚜렷하게 이어져, 홈이 파인 후 선이 그어졌음을 나타낸다.

홈이 사람에 의해 형성되었으므로, 이후에 그어진 선도 함께 그은 것으로 해석할 수 있다.

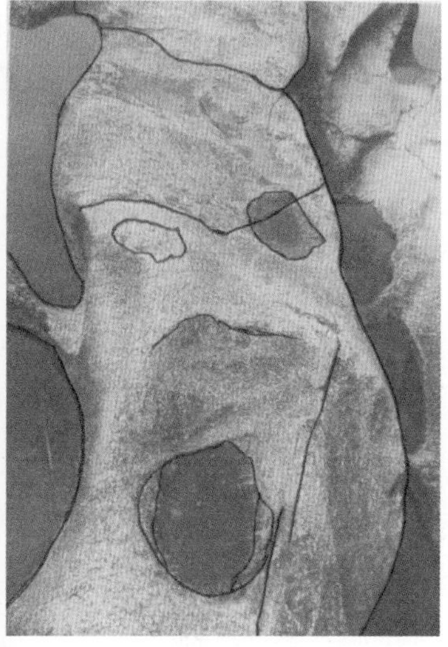

얼굴 형태의 암반에 나타난 풍화나 물의 작용으로 형성되기 어려운 반듯한 선은, 암반에 사람의 손길이 닿았음을 증명한다.

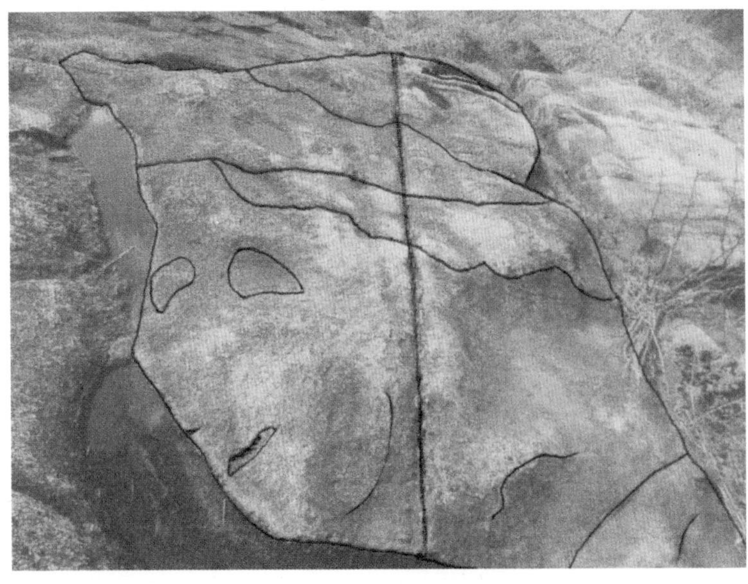

선이 형상의 윤곽선을 이루고 있다.

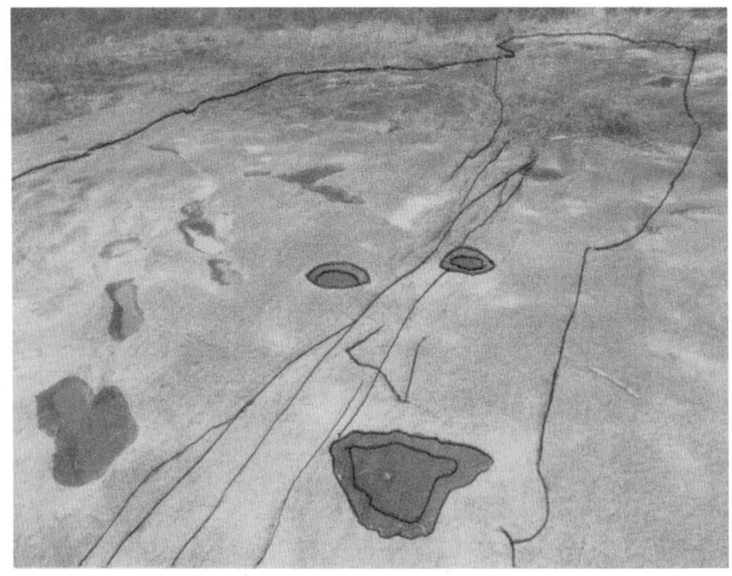

선이 두 인물상을 나타내고, 돌이 눈의 자리에 놓여 있다.

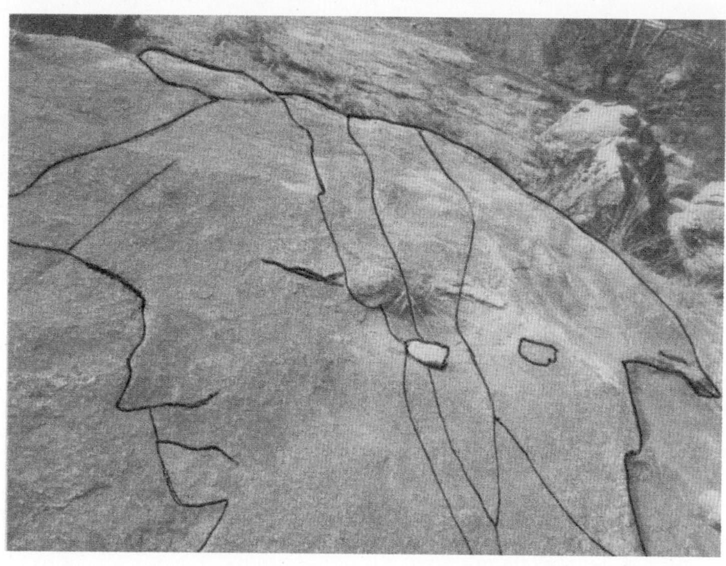

작은 바위가 홈과 함께 눈을 나타낸다.

암반이 다듬어져 나타난 형상이다.

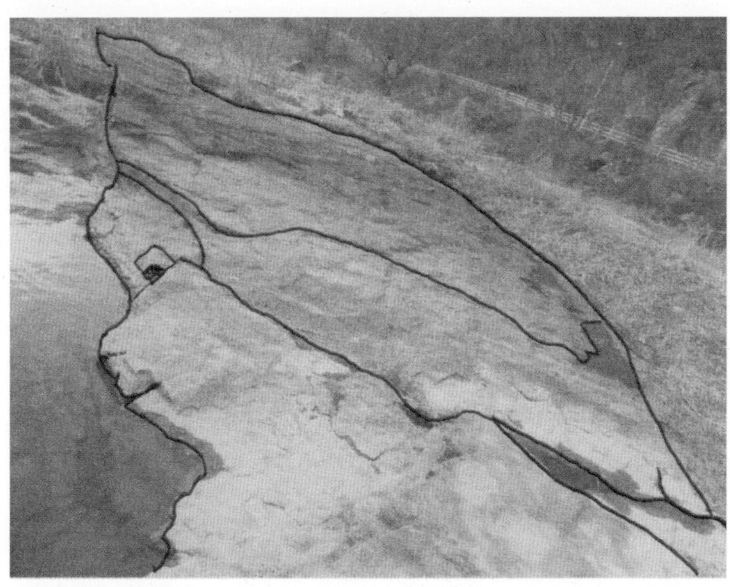

요강바위를 살펴보자.

안내판의 내용

"요강처럼 가운데가 움푹 패었다고 하여 붙여진 이름으로 가로 2.7m, 세로 4m, 깊이 2m로 무게가 15톤이나 된다.

한때는 이 바위가 수십 억 원이 넘을 거라는 얘기가 나돌아 1993년 도난을 당하였으나, 지금은 예전 그대로 장군목에 앉아 내룡마을의 안녕과 풍요를 기원하고 있다."

도난을 당했다가 제자리로 돌아온 것에서 알 수 있듯이, 요강바위는 암반에서 분리되어 있는 바위이다.

둥글게 큰 구멍이 맞뚫려있는데, 깊이 약1m, 너비가 80~100cm 정도이며, 아래쪽이 뚫려있어 더 깊게 느껴진다.

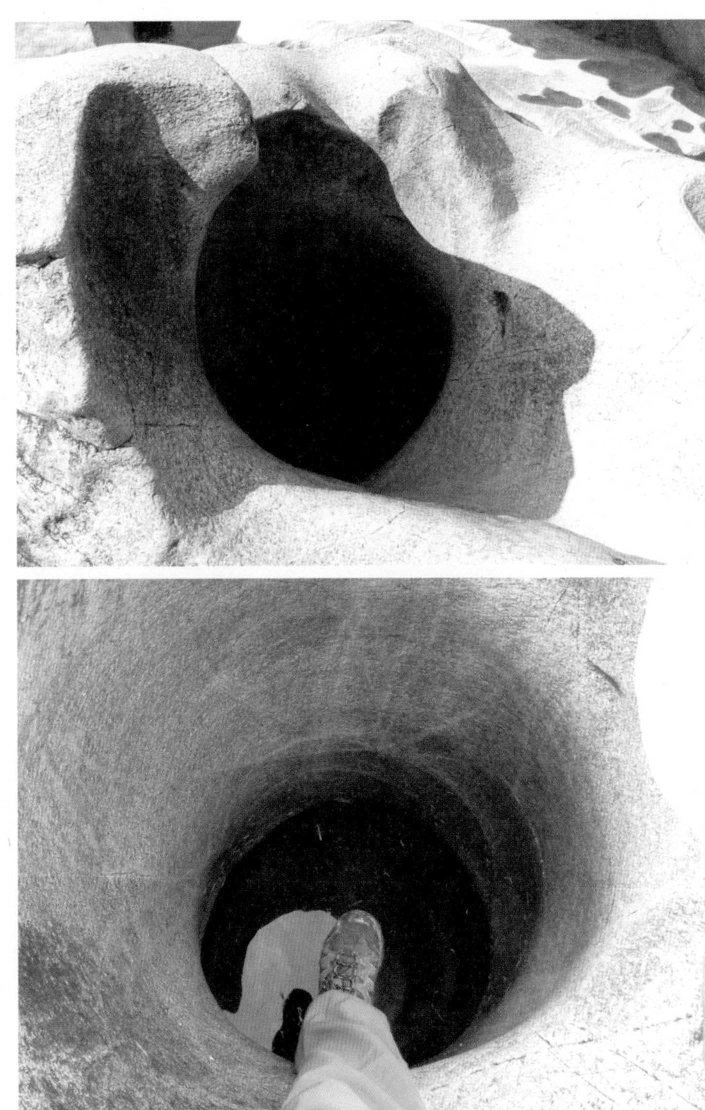

깊어서 아래쪽은 와류의 영향을 전혀 받지 않을 것이므로, 요강바위의 형성을 돌개구멍 이론으로 설명할 수 없다.

고인돌과 암각화를 조성한 주체가 바위를 매끈하게 다듬고 옮길 수 있었음을 감안하면, 사람에 의한 것으로 보는 것이 타당하다.

요강바위 구멍 옆에 나타난 뚜렷한 인물상

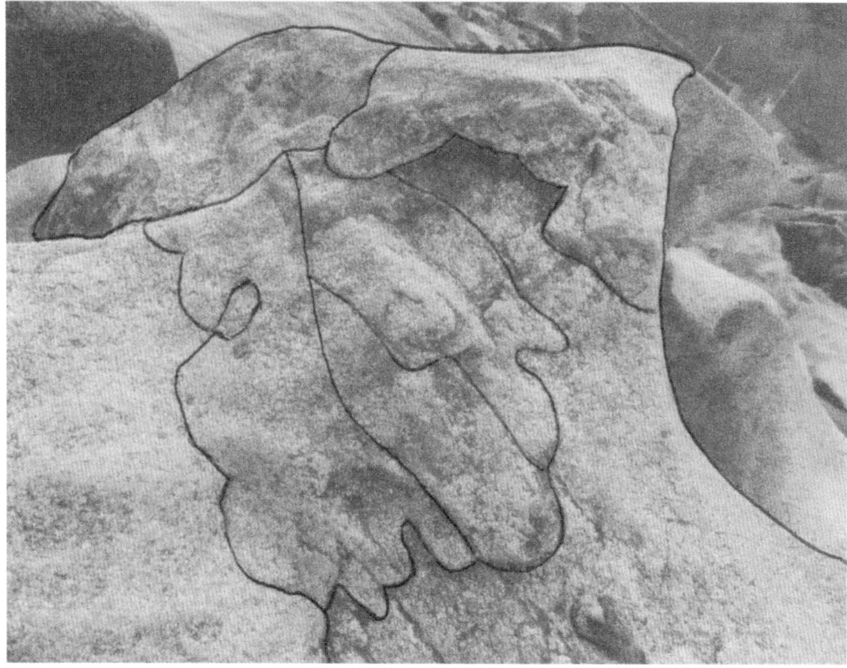

요강바위 옆 바위의 큰 구멍은 고인돌의 바위구멍(성혈)과 유사해 보인다.

고인돌의 바위 구멍은 바위에 구멍을 팔 수 있었으며, 실제로 파고 있음을 나타내, 자연적으로 형성되기 어려운 돌개구멍으로 알려진 홈이 사람에 의한 것임을 뒷받침한다.

연천 진상리 2호 고인돌

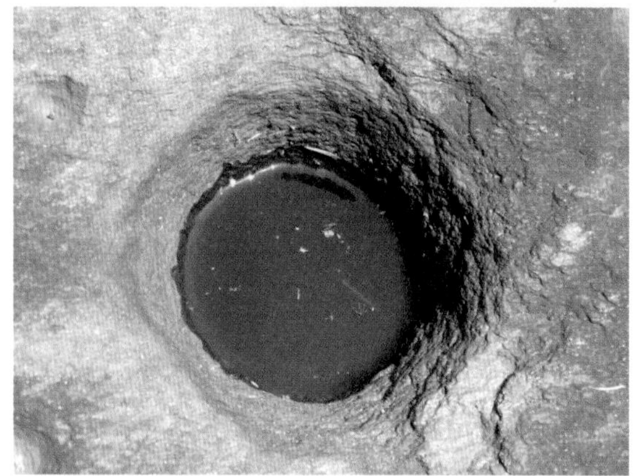

제천 방흥리 고인돌

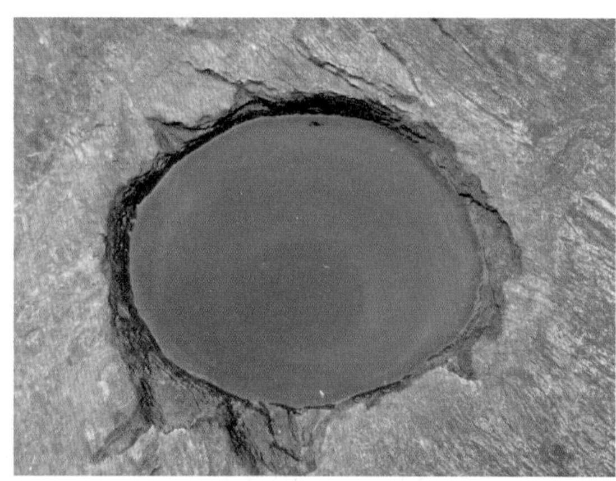

요강바위가 놓여 있는 바위도 주변 산의 바위와 성분이 다른 화강암으로 바닥과 분리되어 있다. 놓여 있는 바닥이 암반이 아니어서 암반에서 분리된 것은 아니며, 다른 곳에서 옮겨 온 것으로 보인다.

옆에 놓여 있는 바위들은 색감이 다른데 주변 산의 암반과 같은 재질로 보여, 흰색의 화강암 바위들이 옮겨져 왔음을 증명한다.

동물이 앉아 있는 듯한 형상의 바위이다.

요강바위가 사람에 의해 생성되었으며, 주변의 암반 또한 모두 다듬어졌음을 알 수 있다. 따라서 돌개구멍과 습곡 형태 또한 사람에 의해 형성된 것이 된다.

습곡 형태 암반의 형상

공룡발자국이 일종의 암각화라면, 돌개구멍은 형상의 눈, 코, 입 등을 표시해 생명형상을 이루는 기능을 하는 고인돌의 바위구멍(성혈)과 같은 것으로 보인다.

3. 암각화와 공룡발자국 화석

천전리 각석과 반구대 암각화 주변에 공룡발자국 화석이 새겨져 있는데, 공룡발자국 화석이 암각화라면, 천전리 각석과 반구대 암각화를 새긴 주체와 관련이 있을 수 있다.

반구대 암각화는 접근할 수 없으므로, 천전리 각석을 대상으로, 주변의 공룡발자국 형상과 천전리 각석에 암각화를 새긴 주체가 동일한지를 추론해 보자.

천전리 각석 앞쪽 대곡천변 암반의 공룡발자국에 물이 고여 있다.

대곡천을 따라 상류로 조금 올라가면 사람에 의한 것이 분명한 많은 선이 그어져 있다. 암반을 반듯하게 잘라내고 선을 그었다. 여러 선이 그어져 있으므로 사람이 잘랐음이 분명하다.

바위를 공장으로 옮겨 기계장치에 장착된 기계칼을 이용해 자른 것이 아니며, 자연 암반을 잘라냈는데 어떤 도구가 사용되었을까? 현대의 것일까?

잘라 낸 바닥면이 자연바위처럼 보여 현대의 기계와 다른 도구가 사용되었을 것으로 추정된다.

직각으로 꺾인 부분까지 선이 이어져 있는데 둥근 날의 기계칼을 회전하여 선을 긋는다면, 꺾인 부분 옆이 더 깊게 패어야 칼날이 꺾인 부분에 닿게 된다. 그런데 선의 깊이가 모두 일정해 둥근 날의 기계칼이 사용된 것은 아니다. 야외의 자연바위에 이렇게 선을 그을 수 있는 도구가 현대에 있는지 의문이다.

윗면까지 이어지는 선이 인물상을 이뤄, 생명형상과 관련이 있다. 고대의 작품으로 보인다.

현대가 아닌 고대에 바위를 반듯하게 자를 수 있었음을 고인돌과 암각화에서 볼 수 있었는데, 자연바위에도 이를 적용하여 바위를 자르고 있음을 알 수 있다.

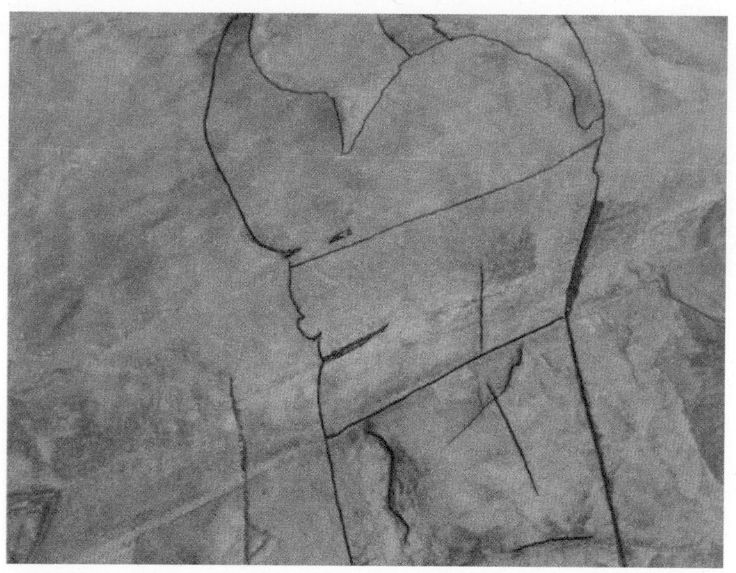

주변에 나타난 반듯하게 그어진 선

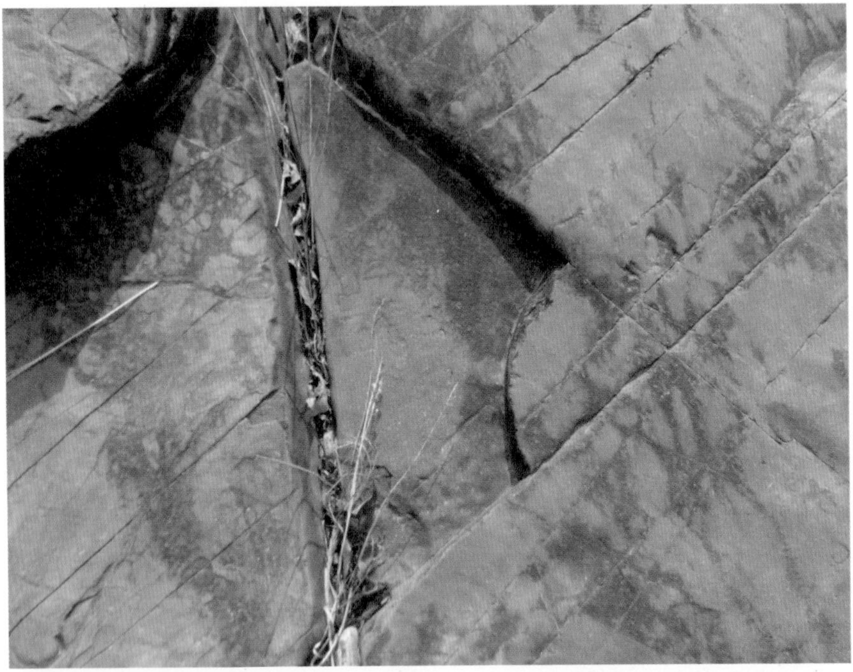

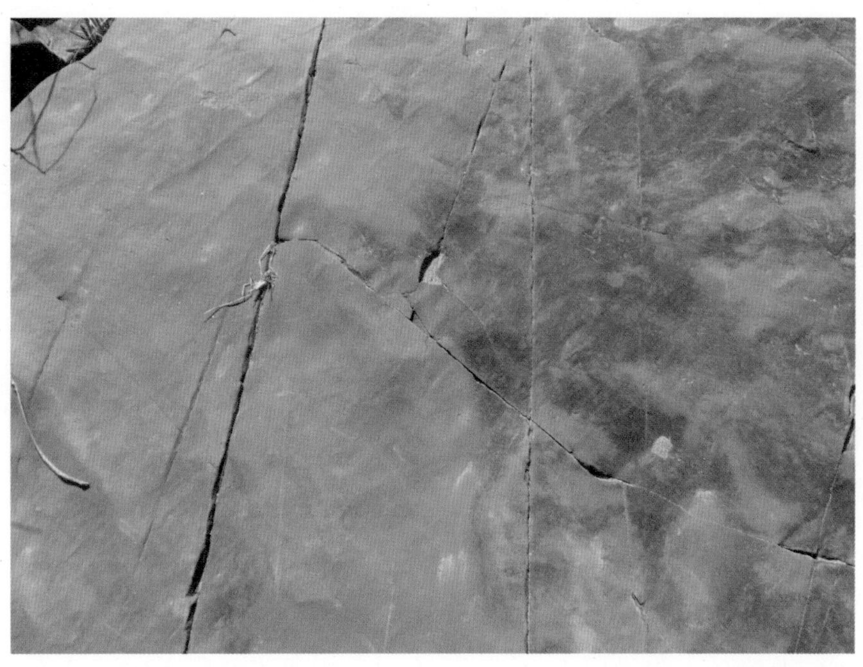

각석의 옆, 바닥 암반에 나타난 선으로 기계로 자른 것과 다르게 선이 거칠다.

위의 선이 그어진 곳 옆에 나타난 형상이다.

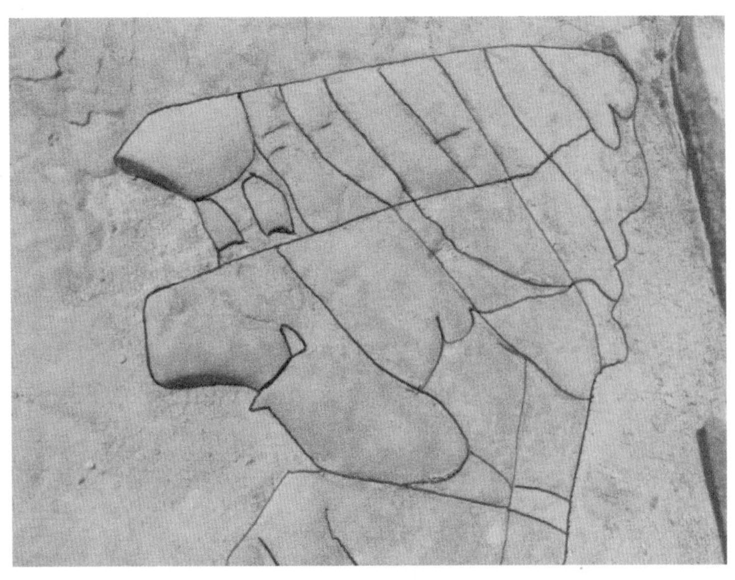

공룡발자국이 나타난 화석지 암반에 줄이 그어져 비슷한 크기의 칸을 이루었다. 물에 의해 형성되기 어려운 모습이다.

두 바위가 놓여 있는데, 우측 바위 윗면에 평행하게 반듯한 선이 그어져 있다.

두 바위의 반대쪽 모습으로 밑면이 칼로 자른 듯 반듯하다.
서로 다른 두 바위가 똑같은 각도로 깎여, 나란히 서 있는 것이 자연적으로는 성립할 수 없을 것이다.

바위 옆면에도 선이 그어져 있으며, 선이 입을 표시하는 형상이 나타나 있다.

공룡발자국 홈이 형상의 눈을 나타낸다.

선으로 형상의 윤곽선을 그렸다.

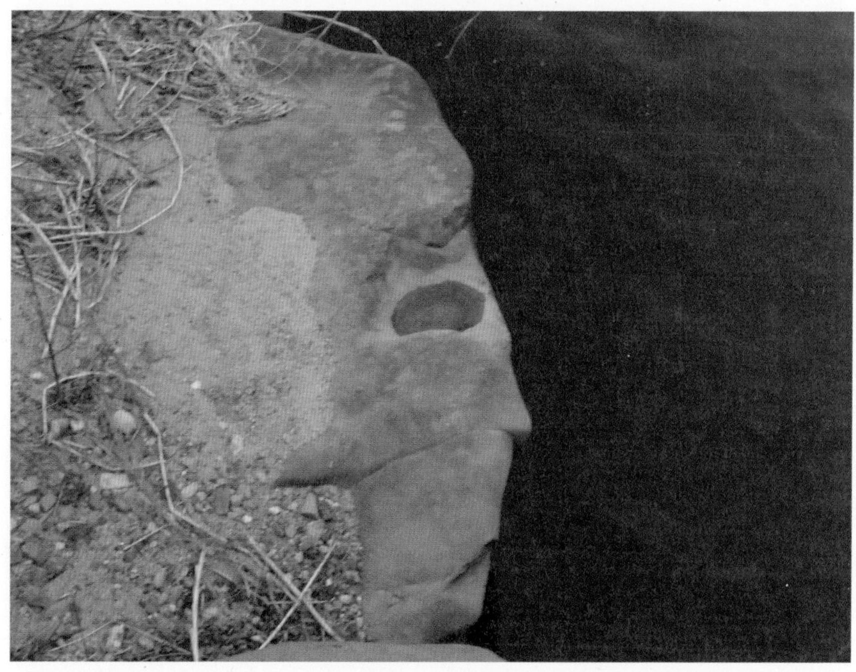

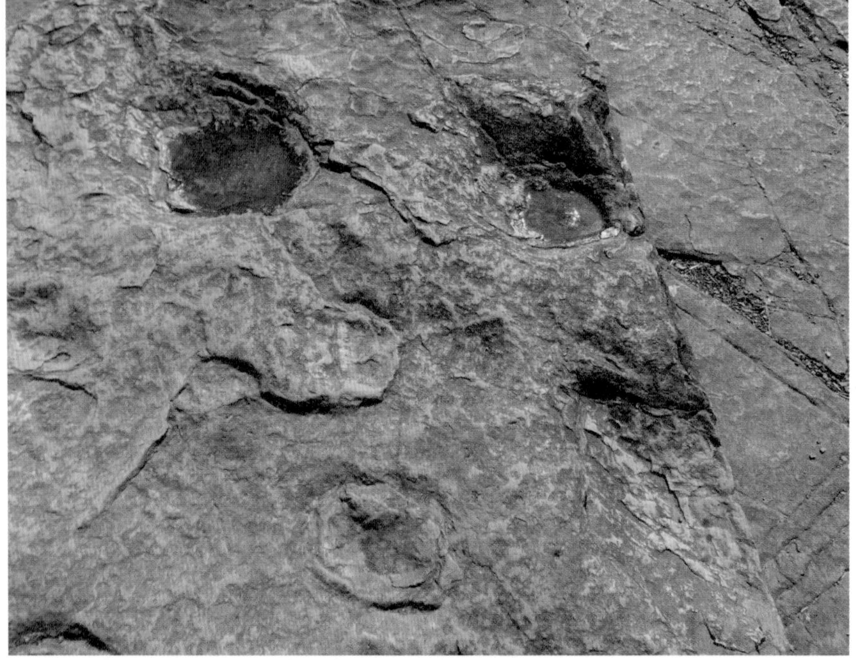

불규칙한 형태의 홈이 눈을 표시한다.

도려내듯 바위를 잘라 내었다.

선이 길게 그어져 있고 암반이 잘려 나갔다.

암벽의 형상

공룡발자국 화석지 전체의 형상이다.

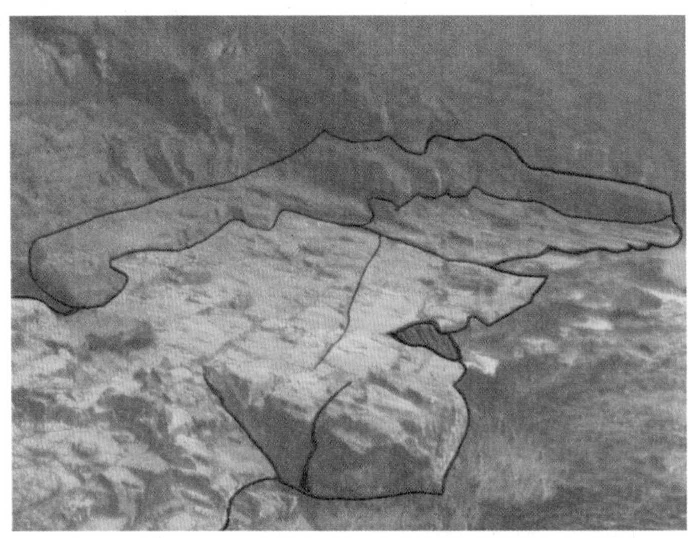

암벽에 한자와 한글이 새겨져 있다.

바위를 도려내 입을 표시하고 한자가 눈을 이룬 형상, 천전리 각석 하단에서처럼 한자가 형상을 조성하는 기능을 한다.

유사하게 합천 가야산 정상 부근 바위에도 한자를 이용해 형상을 새기고 있다.

한글을 이용한 형상이다.

한자와 더불어 한글을 이용해 바위에 형상을 새기고 있음을 알 수 있다.

바위가 보처럼 일자로 물을 막고 있는데, 자연적으로 형성되기 어려운 형태이며, 지속적인 물의 침식작용에도 깎여 없어지지 않고 남아 있어, 그리 오래되지 않은 때에 형성된 것으로 추정할 수 있다.

각석의 옆모습이다.

바위를 잘라내고 다듬은 것이 역력하다.

양옆의 바위도 비슷한 각도를 이룬다.

각석에 맞추어 다듬은 것을 알 수 있다.

옆 바위의 앞쪽에 놓여 있는 바위도 비슷한 각도를 나타내, 바위를 다듬어 배치하였음이 잘 나타난다.

위 바위와 각석의 옆 바위에 물감을 뿌린 듯한 색감이 선명하다. 색감이 선명하고 극히 일부에만 나타나므로 자연적인 현상으로 보기 어려우며, 고인돌 바위의 색감을 변화시켰듯이 색감이 나타나도록 조치한 것으로 보인다.

옆 바위에 나타난 형상이다.

대곡천 건너편의 암반도 각석과 유사한 각도로 깎여 있다.

위 암반 아래에 완전한 평행을 이룬 바위가 놓여 있다. 물의 침식 작용을 받은 바위는 날카로움을 유지할 수 없으며, 바닥면이 물에 의해 분리되기 어려우므로, 물의 작용으로 형성되지는 않았을 것이다. 반듯하게 잘려 암벽과 평행을 이루며 놓여 있는 모습이, 앞에서 살펴본 두 바위가 깎여 똑같은 각도를 유지하며 나란히 서있는 현상처럼 자연적이지 않다.

반면, 사람이 이와 같이 바위를 자를 수 있음을 대곡천 암반에서 보았고, 거대 바위를 옮길 수 있었음을 인근의 언양 고인돌에서 확인하였다.

이처럼 자연적으로 형성되기 어려우며, 자연적으로 형성되었다는 사실이 새로이 제시되거나, 사람에 의한 것이 아니라는 증거가 없는 한 사람이 행한 것으로 보는 것이 타당하다.

특히 이곳은 큰 규모로 바위를 다듬어 다양한 문양의 암각화를 새긴 지역이다.

이렇듯 분명한 사실에 대해 왜 이렇게 했겠느냐 하는 의문과 연구가 따르게 될 것이데, 간혹 조성한 이유가 밝혀지지 않으면 사람에 의한 것임도 인정하지 못한다는 입장을 취하는 연구자가 있는 듯하다.

동기가 밝혀지지 않았다하여 사실 여부가 영향을 받을 수는 없는데, 이러한 태도를 취하는 것은 미신적 입장에 서는 것만큼이나 미신적 태도로 보인다.

각석에서 대곡천 하류로 조금 내려가면, 암반이 각석과 달리 아래 부분이 돌출되게 깎여 있다.

물의 작용에 의한다면 아래 부분이 더 깎여 위 부분이 돌출되어야 할 것이다.

눈 모양의 바위가 눈을 표시한다.

천전리 각석 주변 전체가 다듬어진 것이 선명하다. 공룡발자국이 나타난 암반도 사람에 의해 다듬어진 것이므로 공룡발자국일 수 없으며, 일종의 암각화로 볼 수 있다.

각석에 맞추어 옆의 바위들이 비슷한 각도를 보이고 있으며, 다른 암반들도 유사하게 다듬어져, 각석을 조성한 주체에 의해 주변이 모두 다듬어진 것으로 보인다.

이는 공룡발자국 형상과 암각화를 조성한 주체가 동일함을 의미한다.

7장

고대 초고도 문명의 증거

구석기, 고인돌, 암각화, 공룡발자국 형상에 일관되게 다양한 조형미를 지닌 생명형상이 새겨져 있으며, 단단한 돌을 다듬거나, 거대한 바위를 옮길 수 있었음을 감안하면, 조성 당시에 고도의 문명이 발달했을 것으로 판단되는데, 이에 대한 보다 직접적 증거가 있다.

고인돌, 암각화, 천전리 각석 암반에서 바위가 반듯하게 잘린 것을 보았는데, 고대에 현대에 알 수 없는 방법으로 바위를 반듯하게 자를 수 있었다는 직접적인 증거가 있다.

전작과 블러그에 정황상 고대에 착암기가 사용된 적이 있었음을 추정케하는 착암기 자국을 제시하였는데 근·현대에 행한 것이 아니라는 것을 증명할 수는 없었다.

그런데 고대에 착암기가 사용된 증거가 언양의 작천정 인근에 체계적으로 갖추어져 있었다.

이 착암기 구멍의 형성과정과 주변의 생명형상을 분석하여, 고대에 고도로 발달한 문명이 존재하였음을 논증해보기로 하자.

1. 바위를 자른 증거

언양 작천정 암반의 바위가 잘려나간 곳을 살펴보자. 평행으로 그어진 선을 따라 바위가 잘려나갔다.

5장에서 경주 석장동 암각화에서도 평행으로 그은 선을 따라 암반을 잘라, 선 자체가 두꺼워진 것을 살펴보았는데, 자르는 방식은 다르지만, 이곳의 그어진 선과 선을 따라 잘린 암반이 사람에 의한 것임이 명백하다.

"ㄱ"자로 잘린 한쪽 면이 칼로 자른 듯 반듯하며, 바닥면도 반듯하다.

잘려 있는 다른 한 면은 반듯하지 않은데, 고대에 바위를 자르는 방법인 쐐기홈 자국이 뚜렷해, 쐐기홈을 이용하여 잘라냈음을 알 수 있다.

“ㄱ”자로 잘린 곳의 한 면은 칼로 자른 듯이 반듯하고, 한 면은 쐐기홈을 이용하여 잘랐는데, 서로 다른 주체에 의해 잘린 것은 아닐 것이므로, 쐐기홈을 이용하여 바위를 자른 주체가 다른 방식으로 바위를 반듯하게 자를 수 있었음이 증명된다.

한 면을 굳이 쐐기홈을 이용하여 자른 것은 표시를 위해서일 것이다. 반듯하게 양 면이 잘려있다면, 반듯하게 잘린 바위가 사람에 의한 것임이 불분명하나, 쐐기홈으로 한쪽 면을 잘라냄으로써, 반듯하게 잘린 부분도 사람에 의한 것임이 입증되는 것이다.

이는 6장에서 살펴본 천전리각석 주변 암반을 반듯하게 잘라내고, 여기에 반듯한 선을 그어 사람에 의한 것임을 표시한 것과 유사하다.

이 방식으로 "ㄱ"자로 잘린 고창 고인돌을 잘랐음이 명백하다.

위의 방식으로 다음의 고인돌과 암각화도 자르고 다듬었을 것으로 보여, 고인돌과 암각화를 조성한 주체와 관련이 있음을 알 수 있다.

전국에 수만기의 고인돌이 있음을 감안하면 유사하게 잘린 고인돌이 많이 산재해 있을 것이다.

청원 문의 고인돌

고창 고인돌

고령 장기리 암각화

쐐기홈을 이용해 자른 면이 형상의 뒷머리 윤곽선을 이룬다.

이는 바위를 자른 주체와 생명형상을 새긴 주체가 동일함을 의미한다.

반듯한 바닥면의 형상

반듯하게 잘린 면의 형상

유사한 방식으로 바위를 잘라낸 주변의 암반을 보자.

"ㄱ"자로 바위를 길게 잘라냈다.

바위를 반듯하게 자를 수 있었으며, 실제로 산의 바위를 자르고 있음을 알 수 있다.

작천정 인근의 평평하고 넓게 암반이 펼쳐져 있는 다음의 곳을 살펴보자.

반듯하게 잘린 바위 면에 둥근형태의 쐐기홈이 새겨져 있어, 사람의 손길이 닿았음을 나타낸다.

평행을 이루며 두 줄이 반듯하게 그어져 있다.

여러 곳이 반듯하게 잘려있고, 바닥이 매끄럽다.

비바람의 영향이 작을 아래 부분이 일정하게 안쪽으로 패어 있어, 풍화로 형성되지 않았음을 알 수 있다.

북한산, 도봉산 등 여러 곳에 위와 유사한 암반이 있는데, 모두 사람에 의해 다듬어진 것으로 추정할 수 있다.

2. 착암기의 사용

언양 고인돌은 거대한 규모에도 불구하고 1기만이 평지에 배치되어 있어, 상대적으로 주목을 받지 못한 듯 늦게 그 존재를 알게 되었다.

언양 고인돌을 검색 중 언양의 작괘천에 작천정이 있으며, 앞쪽에 넓게 암반이 펼쳐져 있는 것을 보았다.

널리 알려진 곳이 아니고, 규모 또한 크지 않으며, 유사한 곳이 많아 모두 답사할 수는 없으므로, 언양 고인돌 방문시 시간이 된다면 잠시 들르기로 하였다.

언양 고인돌을 향해 출발 시 예정에 없던 일로 답사 경로가 변경되었고, 언양 고인돌 가는 길목에 작천정이 위치하게 되어 먼저 방문하게 되었다.

언양 고인돌을 먼저 보았다면, 작천정에 들르지 않았을 수도 있었을 것이다. 언양 고인돌 답사에 거의 하루가 소요되어 일정상 그냥 갈 수도 있었기 때문이다.

답사에도 우연이 많은 작용을 하는 듯하다.

내비게이션이 안내하는 대로 가니 작은 산이 나온다.

길을 잘못든 것으로, 작천정은 돌아나와 다른 길로 조금 더 가면 될 것이다.

낮은 육산으로 바위가 전혀 있을 것 같지 않은데, 바위들이 보여 살펴보기로 하였다. 이런 경우 대부분 옮겨 놓은 것으로 추정되기 때문이다.

바위를 살피던 중 쐐기홈을 이용하여 잘린 바위를 발견하였다.

고인돌의 상석처럼 다른 바위 위에 올려져 있다.

쐐기홈이 새겨진 바위와 아래 바위 모두 옮겨 놓은 것으로 보이며, 생명형상이 나타나 있다. 두 개의 작은 바위가 눈을 나타낸다.

사람의 손길이 닿은 것이 명확한 쐐기홈이 새겨진 바위가 가까이 있어, 작괘천의 바위들을 보다 더 세밀하게 살펴보았다.

쐐기홈이 새겨진 바위가 없었다면, 바위의 규모가 그리 크지 않고 축대가 쌓이는 등 주변이 변형돼 그냥 지나칠 수도 있었을 것이다. 그랬다면 바위 아래 부분에 나타난 다음의 착암기 구멍 자국을 발견하지 못했을 것이다.

이런 형태가 되려면 거꾸로의 상태에서 착암기로 구멍을 뚫고, 착암기 구멍에 맞추어 바위를 잘라낸 후, 뒤집어 놓아야 한다.

작지 않은 바위이므로 현대에 시행하였다면, 계곡 옆 도로에서 기중기로 작업하여야 가능할 것인데, 시행할 이유가 없어 보인다.

계곡 옆 도로에서 바라본 모습으로 위 바위의 옆에 놓인 두 바위에도 구멍이 보인다.

옆 바위의 구멍은 착암기 구멍처럼 보이나, 착암기로 뚫은 것이 아니다.

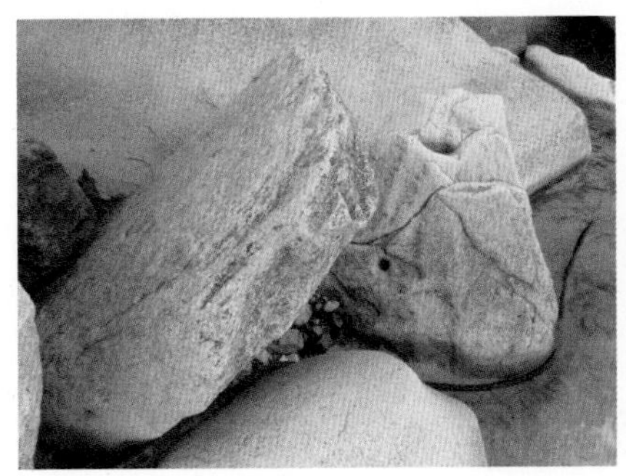

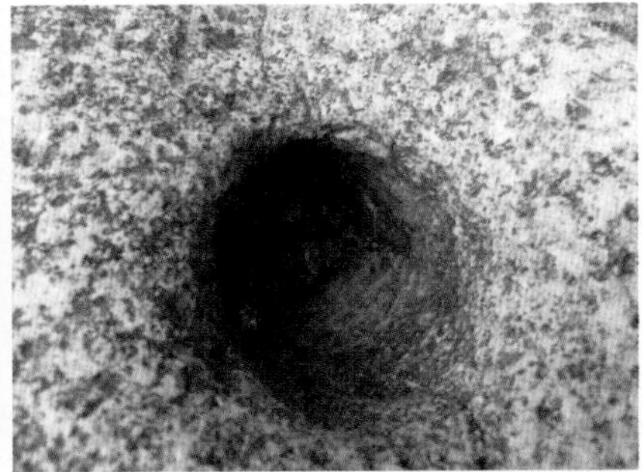

다른 바위에는 관통한 착암기 구멍이 나타나 있다.

맞뚫린 구멍이 두 눈을 나타내, 착암기 구멍이 생명형상과 관련이 있음을 알 수 있다.

선이 그어져 윤곽선을 이룬다.

구멍이 나타난 세 바위가 모여 있는 것이 우연은 아닐 것인데, 가까운 곳에도 두 바위에는 착암기로 구멍을 뚫고, 다른 한 바위에는 착암기로 뚫지 않은 구멍이 있는, 모여 있는 세 바위가 있다.

위쪽에 놓인 바위에 착암기로 뚫지 않은 구멍이 있다.

아래 좌측 바위의 착암기 구멍이다.

아래 우측 바위의 착암기 구멍이다.

맞뚫린 착암기 구멍이 두 눈을 나타내, 생명형상과 관련이 있음을 잘 보여준다.

착암기 구멍이 형상의 눈을 표시하여, 생명형상과 관련 있는 예를 합천 가야산에서도 볼 수 있다.

가야산 백운동 등산로 바위에 많은 착암기 구멍이 있는데, 생명형상을 표현하는 기능을 하는 듯하다. 등산로의 바닥에 깔려 있는 바위의 착암기 구멍이 형상의 눈을 표시한다.

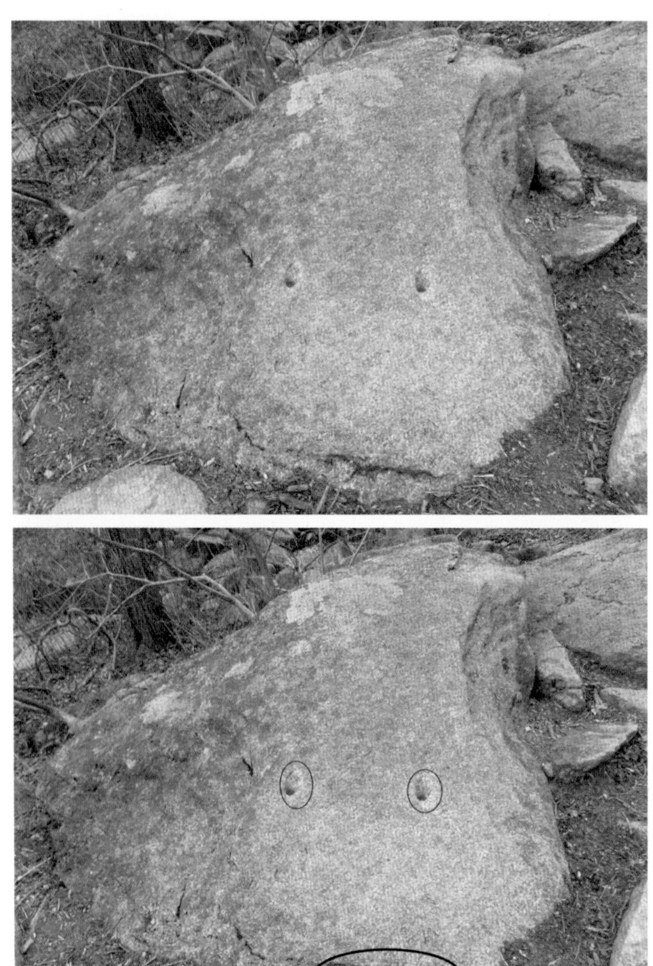

이외도 많은 착암기 구멍이 나타나 있다. 착암기 구멍이 형상의 눈을 표시하는데, 언제 구멍이 뚫린 것일까?

국립공원 등산로로 돌을 깔아 정비하였는데, 바닥에 깔린 돌에도 구멍이 있어, 등산로가 정비될 때, 또는 정비된 이후 구멍이 뚫렸을 것이다.

생명형상을 새긴 선인의 계보가 이어지고 있는 것은 아닐까하는 의문이 합리적으로 느껴진다. 이외에 다른 요인을 찾기 어렵기 때문이다.

작천정 앞쪽에 놓여 있는 바위에 두 개의 구멍이 보이는데, 눈을 나타내는 듯하다. 구멍은 착암기로 뚫은 게 아니다.

우리나라 산하의 바위에는 착암기 구멍이나, 착암기 유사구멍이 있어, 형상의 눈을 표시하는 경우를 여러 곳에서 볼 수 있는데 그 의미가 분명해진 듯하다.

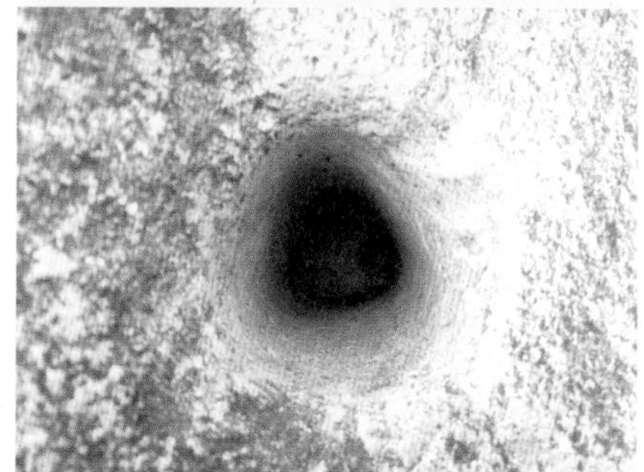

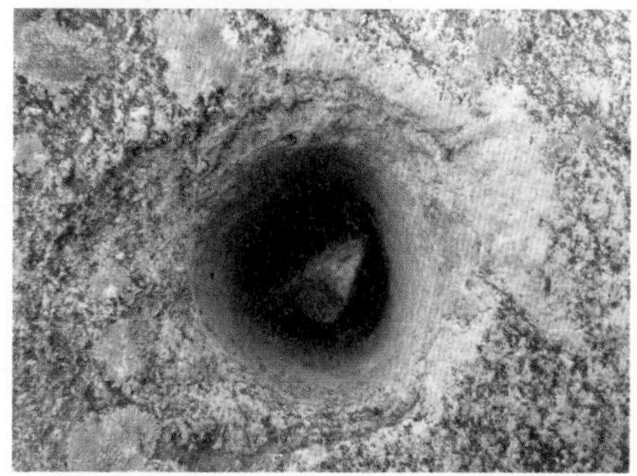

착암기 구멍이 형상의 눈을 나타내는데, 구멍 내부에 작은 돌이 있다.

만져보니 돌이 고정되어 있다.

근처 암반의 착암기로 뚫지 않은 구멍 내부의 돌들도 바닥에 고정돼 있다.

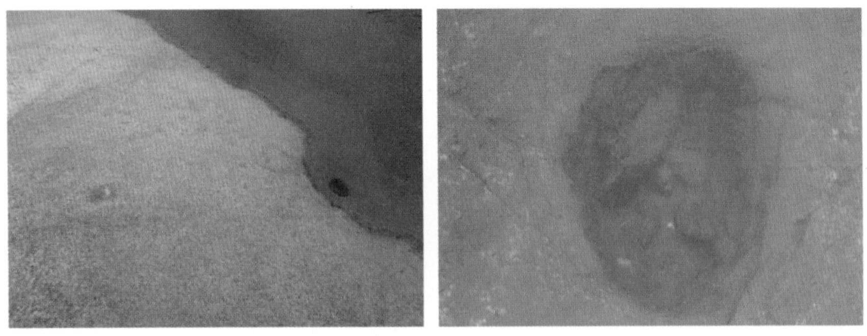

가까운 곳에 위치한 언양 고인돌에서, 돌이 고인돌에 부착되어 있는 것을 보았는데, 붙이는 방식이 같은지는 알 수 없지만, 고인돌을 조성한 주체와 착암기구멍과 유사구멍에 돌을 붙여놓은 주체가 관련이 있을 것으로 추정된다.

작괘천 위쪽의 도로변에 암반이 보인다.

하천의 바위에서 착암기 구멍이 다수 발견되었으므로, 암반을 자세하게 살펴보았다.

깊게 파인 홈 윗부분에 희미하게 착암기 구멍 자국이 보인다.

위 착암기 구멍 자국과 조금 거리를 두고 뚜렷한 착암기 구멍 자국이 보이는데, 위쪽이 바위로 막혀 있다.

위쪽이 막혀 있는데, 어떻게 착암기로 구멍을 뚫고, 구멍에 맞추어 바위를 잘라냈을까?

도로공사 이전부터 이렇게 형성돼 있었다면 이 착암기 구멍은 고대에 기계장치를 사용한 문명에 의해 형성됐을 가능성이 크다.

발파를 하였다면 구멍 자국이 반듯하게 남을 수 없어 발파를 위한 것은 아니며, 뚜렷한 착암기 구멍이 하나 밖에 없어 착암기를 이용하여 바위를 잘라낸 것도 아니다. 도로공사 때 착암기 구멍이 뚫린 것은 아닌 듯하다.

착암기 구멍 자국이 형상의 윤곽선을 이루어, 생명형상과 관련이 있음을 알 수 있다.

작괘천의 바위에 나타난 아래를 향한 착암기 구멍이, 구멍을 뚫고 구멍에 맞추어 바위를 잘라낸 후 바위를 뒤집어 놓은 것이라면, 이곳은 착암기 구멍을 뚫고 구멍에 맞추어 잘라낸 후 위쪽을 바위로 덮어야 가능할 것이다.

위쪽으로 올라가 보았다.
바위가 잘려져 있다.

선에 맞추어 바위가 잘려 있다.
그어진 선을 따라 바위를 잘랐으므로, 사람이 자른 것이 분명하다.

잘려진 곳에 고대에 바위를 자르는 방법인 쐐기홈 자국이 보인다.
쐐기홈을 이용하여 바위를 자른 흔적이다.

이렇게 잘린 바위가 벌어진 틈만큼 밑으로 밀려 내려가 착암기 구멍을 덮었다.

쐐기홈으로 일부를 잘랐으며, 선을 긋고 여기에 맞추어 바위가 잘린 것으로 보아 사람이 자른 것이 분명하므로, 칼로 자른 듯 반듯하게 잘린 부분도 사람이 자른 것으로 해석된다. 이는 앞에서 살펴본 작천정 암반에 한 면은 쐐기홈으로, 한 면은 반듯하게 "ㄱ"자로 자른 예와 같다.

그런데 현대에는 쐐기홈으로 바위를 자르지 않는다.

또한 바위가 밀려 내려가려면 밑면까지 암반에서 분리하여야 하는데, 현대기술로 가능할지 의문이다.

현대에 행할 수 없다면, 결국 고대에 뛰어난 기술력을 지닌 발달한 문명에 의해 형성된 것으로 결론지어진다. 착암기 등 기계장치가 사용된 것을 비롯하여, 현대에 알 수 없는 고도의 기법이 동원된 듯하다.

조성시기는 언제쯤일까?

바위는 탄소연대측정이 안 되나 시기를 추정할 수 있는 근거가 있다.

앞에서 살펴본 화순 이십곡리 고인돌은, 착암기로 구멍을 뚫고, 구멍에 맞추어 바위를 잘라냈다는 점에서, 이 착암기 구멍과 공통점이 있는데, 두 구멍 간에는 또 한 가지 유사점이 있다.

구멍 안쪽 면이 길게 갈라져 있다는 것이다.

화순 이십곡리 고인돌

언양도로변

착암기로 뚫은 구멍은 면이 매끈하기 마련인데, 구멍을 따라 길게 이어지며 바위가 자연적으로 갈라질 수는 없을 것이다. 갈라진 틈은 두 지역의 착암기 구멍이 연관성이 있음을 나타내도록 의도적으로 새긴 것으로 보인다.

두 구멍이 동일 주체에 의한 것일 가능성이 큰 것이다.

작괘천의 거꾸로 뒤집혀 있는 착암기 구멍에도 갈라진 틈이 있다.

화순 고인돌과 언양의 도로변, 작괘천 바위의 착암기 구멍이 동일 주체에 의해 조성된 것으로 보이는데, 고인돌은 유물의 분석으로 조성시기를 추정할 수 있으므로, 연구가 더 진행된다면 착암기 구멍이 뚫린 시기를 더 구체적으로 밝힐 수 있을 것이다.

여기에서 한 가지 의문점을 살펴보자.

착암기 구멍이 나타난 작괘천의 뒤집힌 바위 아래에 호스가 깔려 있다.

반대쪽에 길게 호스가 노출되어 있다.

바위가 뒤집히며 호스가 깔렸을 것인데, 호스가 최근의 것이라면 바위도 최근에 뒤집힌 것이 된다.

가야산의 착암기 자국이 그렇듯, 생명형상을 새긴 선인의 계보가 현재까지 이어지고 있음을 나타내는 것은 아닐까?

위가 막힌 착암기 구멍과 작천정 암반의 한 면은 쐐기홈으로, 한 면은 반듯하게 "ㄱ"자로 잘린 곳을 언양고인돌, 천전리각석 인근에 함께 배치해 놓은 것은, 때가 되어 모든 것이 드러날 때를 위한 체계적인 조치가 아닌가 판단된다.

8장

생명형상의 모든 유형

고인돌 조성 당시 착암기가 사용되었고, 바위를 반듯하게 자를 수 있었으며, 이를 활용하여 생명형상을 새기고 있음을 살펴보았다.

작천정의 암반이나 주변 산의 바위에도 많은 생명형상이 새겨져, 생명형상의 교과서라 할 만큼 다양한 유형이 나타나 있는데, 이를 분석하면 구석기·고인돌·암각화를 조성한 주체가 산을 다듬어 암반을 드러내고, 바위를 옮겨 풍광을 조성하고 있음이 명확해질 것으로 판단된다.

1. 하천 암반의 형상과 물의 눈

하천의 암반이 다듬어져 형상을 나타내며, 홈이 패인 곳에 물이 고여 눈을 나타낸다.

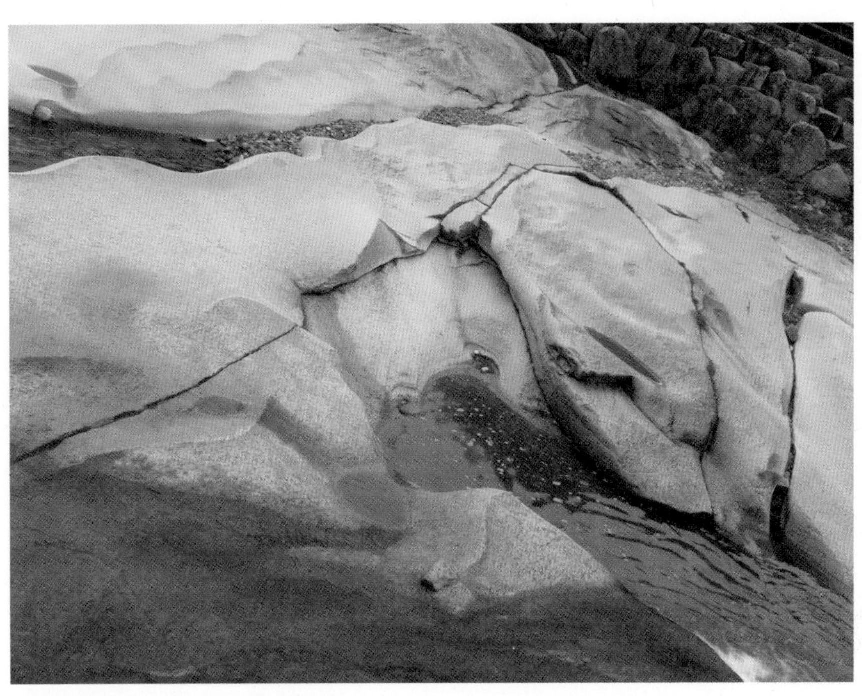

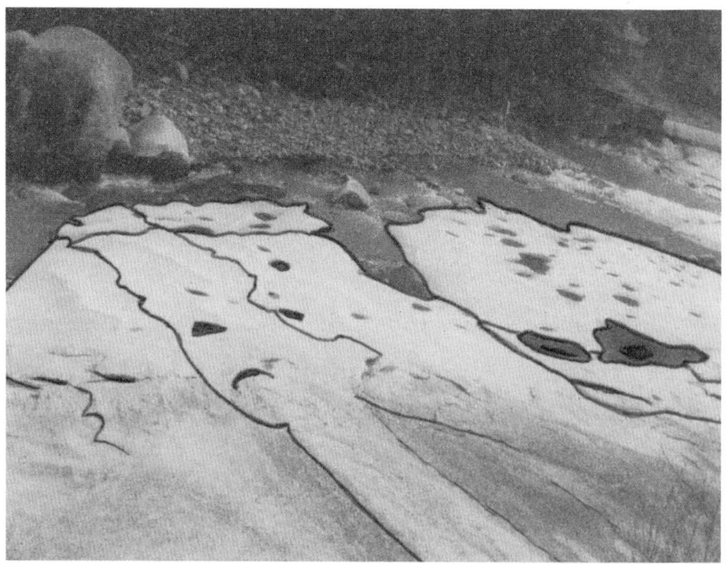

암반이 다듬어져 형상을 나타낸다. 하얀 인물상이 신비롭다.

윤곽선을 이루는 부분이 각이 져 있는데, 물에 의한다면 매끈해야 한다.

홈에 고인물이 눈, 코, 입을 나타낸다.

하천 암반에 놓여 있는 고인돌처럼 작은 바위들에 고여진 바위, 큰 바위가 물에 떠밀려 왔을 리도 없고, 바닥 암반과 색감이 다르며, 돌이 고여 있어 바닥 암반에서 분리된 것도 아닐 것이다. 옮겨 놓았음이 명백하다. 고인돌로 볼 수 있다.

다른 방향의 모습

천전리 각석 하단처럼 한자 文이 입과 턱 선을 나타낸다.

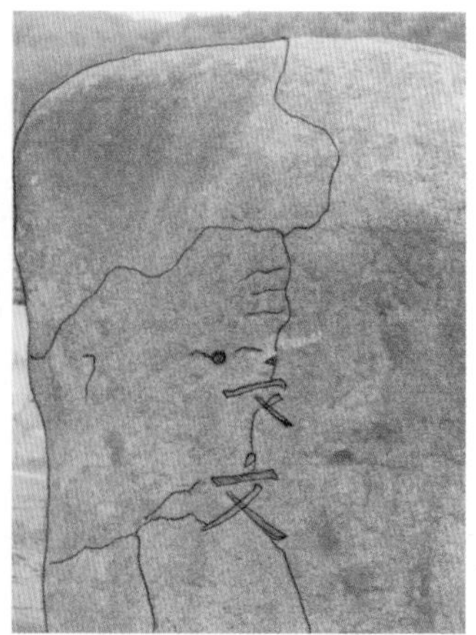

작은 쐐기홈이 형상의 입을 나타낸다. 쐐기홈은 암반이 사람에 의해 다듬어진 분명한 증거다. 영월 요선암과 남해 다랭이마을 해변가 암반에도 유사한 쐐기홈이 새겨져 있다.

하천 본류가 아닌, 하천 변의 산 위쪽에서 흘러내린 물을 이용하여, 형상의 윤곽선과 눈을 나타냈다.

전국에 유사한 곳이 많은데, 자연적으로 산에서 흘러내리는 물을 이용하였다기보다 흘러내리게 한 것으로 추정된다.

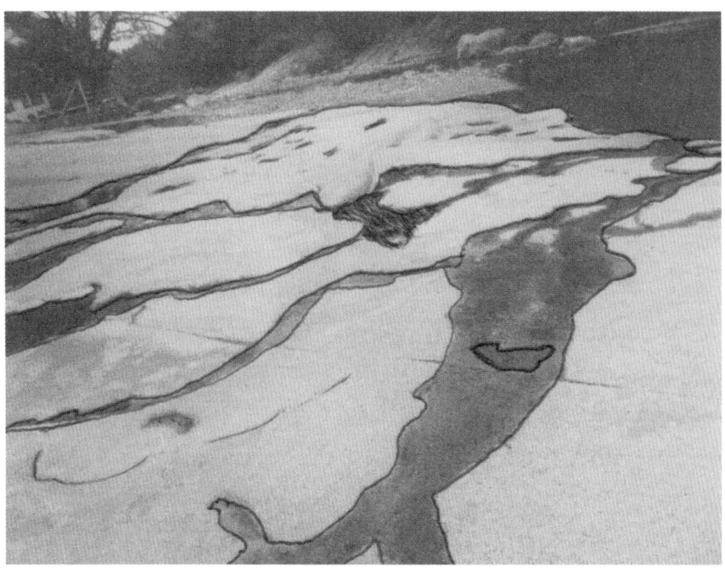

2. 바위의 색감

아주 드물게 산에서 깨끗하고 흰빛을 띠는 화강암 바위를 볼 수 있는데, 갓 채석한 듯하여 형성시기에 의문이 든다.

산에 있는 대부분의 바위는 약간의 검은빛과 회색빛, 붉은빛 등 색감을 지니는데, 강화 고인돌과 언양 고인돌의 상석 밑면에서 보듯이, 고인돌을 조성한 주체가 바위의 색감을 변화시킬 수 있었음을 고려하면, 산에 있는 바위의 색감도 일부 변화시킨 것이 아닌가 생각된다.

전작에서 관악산 암반에 나타난 검은빛, 붉은빛의 색감이 형상을 나타내고 있음을 살펴보았는데, 사람에 의해 색이 변한 것인지를 증명할 수는 없었다.

그런데 작천정 옆 산에, 생명형상을 나타내는 검은 색감이 사람에 의해 조성된 증거가 잘 갖추어져 있다.

진한 검정색의 점이 바위에 보이는데 이끼는 아닌 듯하다.
이끼라면 다른 곳에서도 다수 볼 수 있어야 하는데, 그렇지 않기 때문이다.

이끼가 아니라면 사람에 의한 것일 수 있는데, 성분조사를 하면 그 정체가 명확해질 것이다.

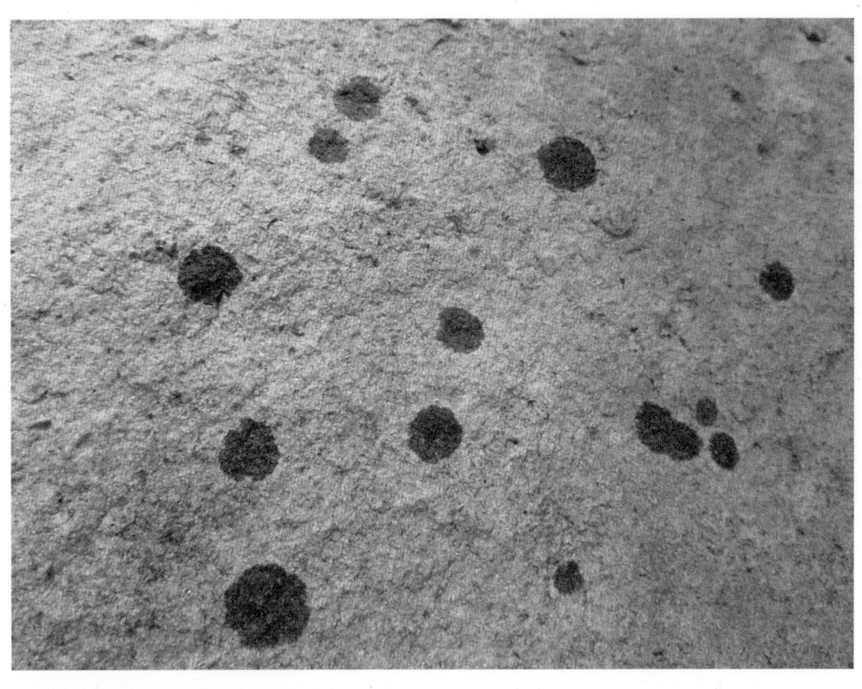

검은 점이 눈을 나타낸다.

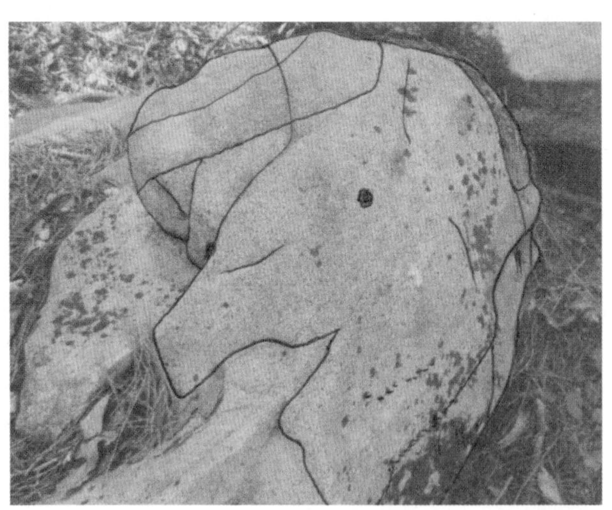

검은 점이 모여 있는 듯한 진한 색감이 눈을 나타낸다.

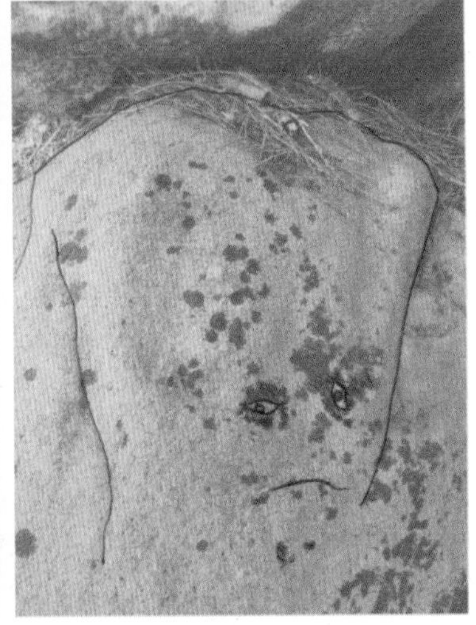

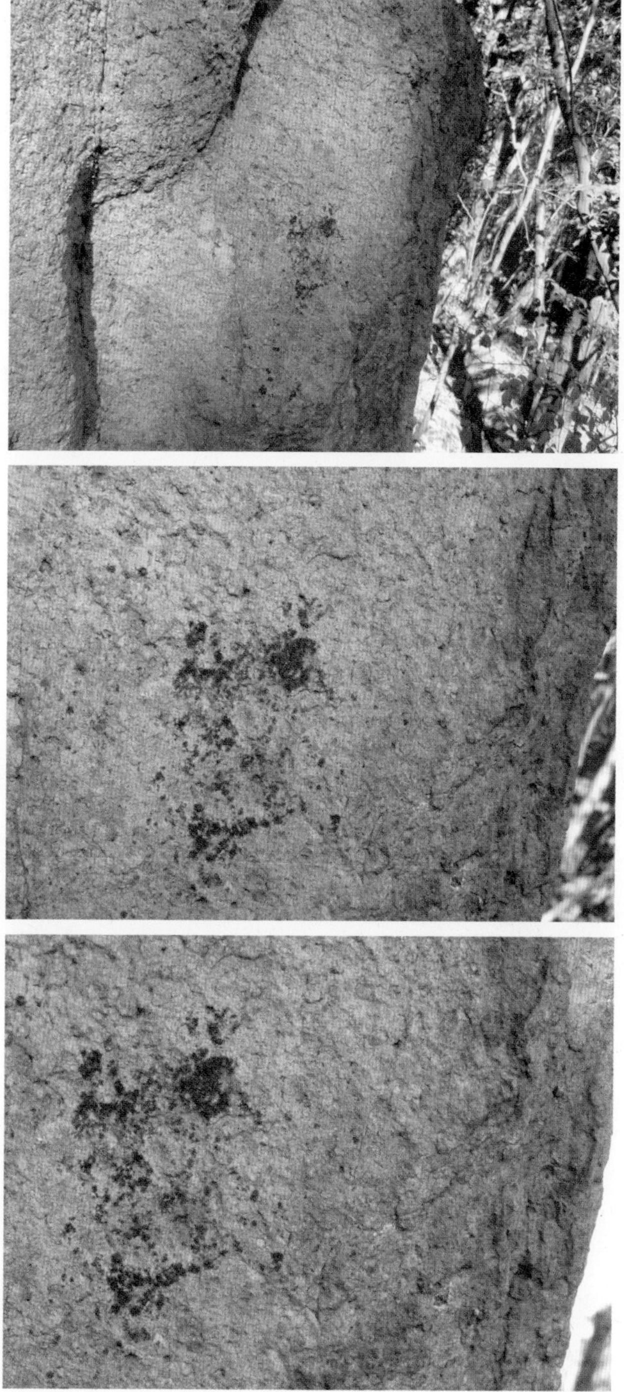

짙은 색과 대비되는 엷은 색의 색감은 이끼와 확연히 다르다.
색감의 농도가 다양함을 알 수 있다.

열은 검은 색감이 눈과 코, 입을 표시하는 인물상이다.

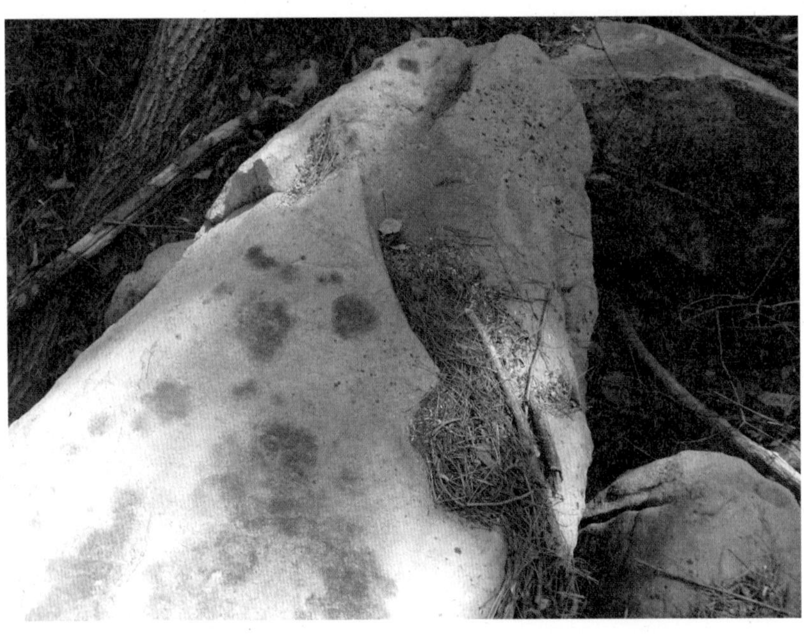

바위를 다듬고 검은 색감으로 눈과 코, 입을 표시하였다.

바위의 좌측은 옅은 밤색을, 우측은 검은 색을 띠고 있어, 밤색도 사람에 의한 것으로 보인다.

바위를 채석한 후 전체를 다듬어 설치한 고인돌에도 색감이 나타나 있는데, 이는 선인이 바위의 색감을 변화시킨 증거가 된다.

화순 만연리 고인돌에 밤색 물감이 흘러내린 듯한 모습이 보이는데, 색감을 변화시켰음을 알 수 있도록 의도적으로 조성한 듯하다. 일반 바위에서 거의 볼 수 없는 모습이 고인돌에 나타나 있는 이유일 것이다.

경북대 박물관 옆에 전시된 대구 이천동 고인돌 밑면에, 흘러내린 듯한 초록 색감이 나타나 있다. 흘러내리기 어려운 각도이므로, 흘러내렸다기보다 이 형태로 조성했을 것으로 추정되는데, 생명형상은 이를 뒷받침한다.

함께 놓여 있는 고인돌에 붉은색과 흘러내린 푸른색이 교차하고 있다. 근래에 행해진 듯 선명하지만 고인돌에 색감들이 다수 나타나므로, 이 색감들이 고인돌 조성시의 것인지에 대한 조사가 필요해 보인다.

부처를 새긴 부처바위 내부의 본래의 흰색과 외부의 밤색이 대비된다. 화강암으로 조성된 오래된 미륵불상 등이 흰색을 유지하고 있음을 감안하면, 부처바위 표면의 밤색은 자연적인 것이 아닐 것이다.

전국의 바위에서 다양한 색감이 발견되나, 언양에서만 유일하게 뚜렷한 검은 점을 발견하였는데, 색감이 나타난 고인돌처럼 의도적으로 조성해 놓은 것으로 보인다.

우리 산하에 나타난 수많은 바위의 색감은 상당 부분 사람에 의해 변화된 것으로 추정된다.

3. 옮겨진 바위

푸른 숲에 덮힌 작천정 옆 산에 생경한 바위들이 여기저기 놓여 있다.

일부는 색감이 서로 다른데, 성분도 다른 것으로 보여, 같은 산의 암반에서 생성된 것은 아닌 듯하다.

고인돌처럼 옮겨졌으며 생명형상이 새겨져 있을 것으로 보인다.

선으로 눈을 그렸다.

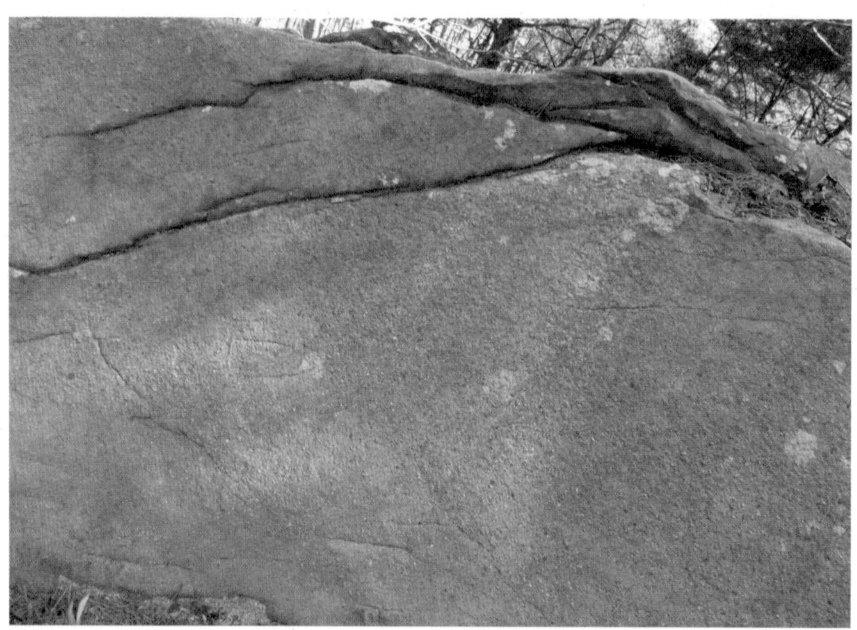

눈과 입을 공유하는 좌, 우 두 인물상이 겹쳐 있다.

다양한 형상을 보자.

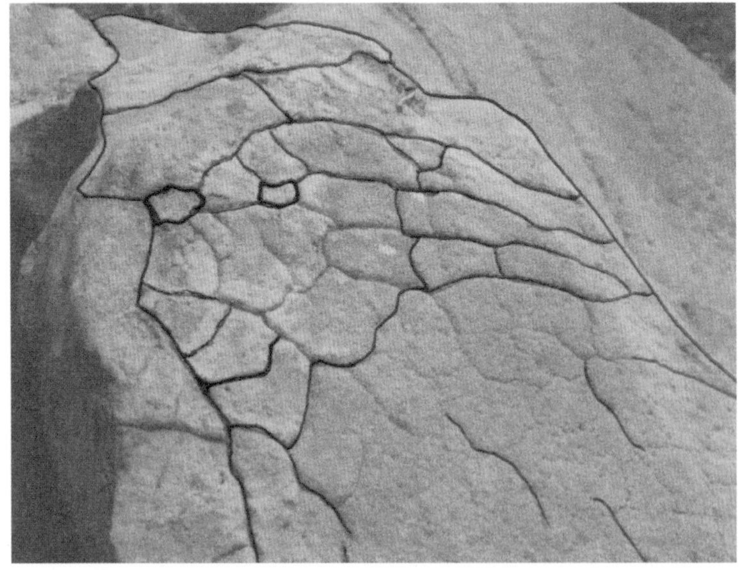

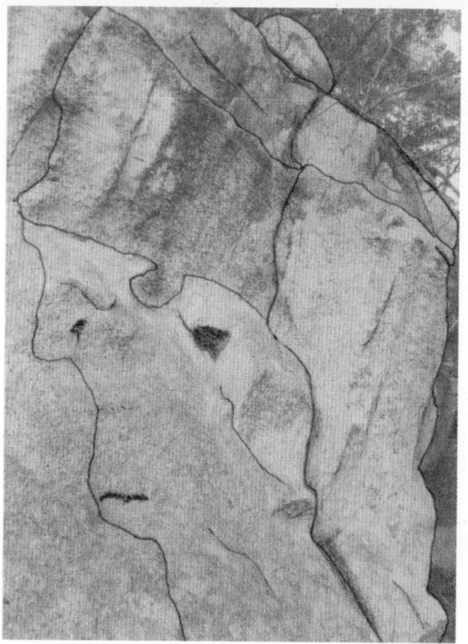

4. 암반의 형상

바위를 채석한 암반에도 굴곡이나 색감을 이용하여 형상을 새겼다(암반의 표면이 쉽게 부스러지는 곳도 있는데, 보존이 먼저이므로 스틱 사용을 금하고, 약한 부분의 출입을 통제하는 등의 조치가 필요해 보인다).

선으로 윤곽선을 그리고 바위구멍이 눈을 나타낸다.

검은색과 흰색이 대응하여 형상을 이루고 있다.

굴곡지고 다양한 색감이 나타난, 다음 암반에 새겨진 형상을 살펴보자.

돌탑 주위의 돌이 눈을 나타낸다.

우연일까?

7장에서 살펴보았던, 바위가 잘려 있고, 둥근 쐐기홈이 나타나 있는 다음 암반의 형상을 살펴보자.

암반을 매끈하게 다듬어 색감 위주로 형상을 표현하였다.

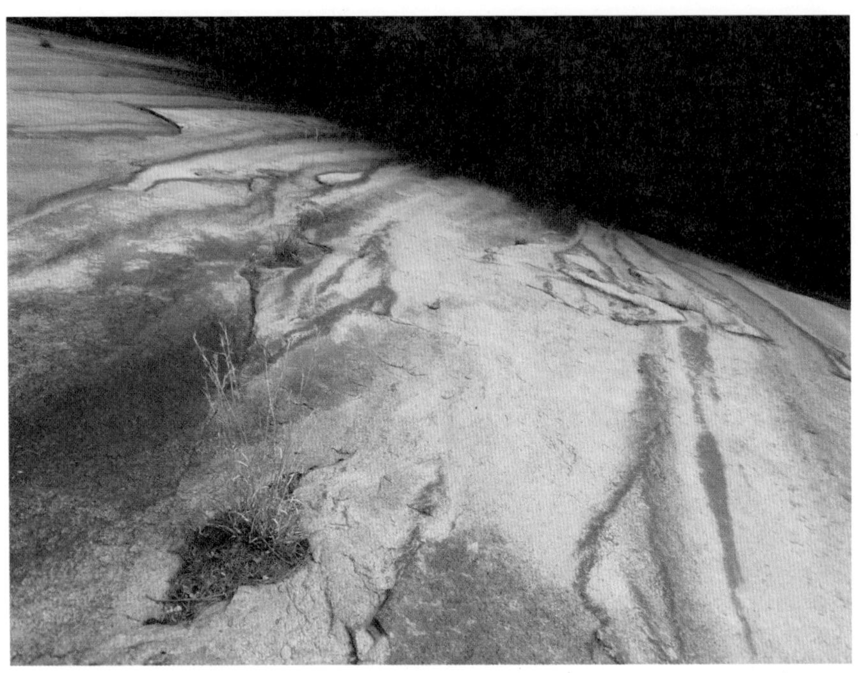

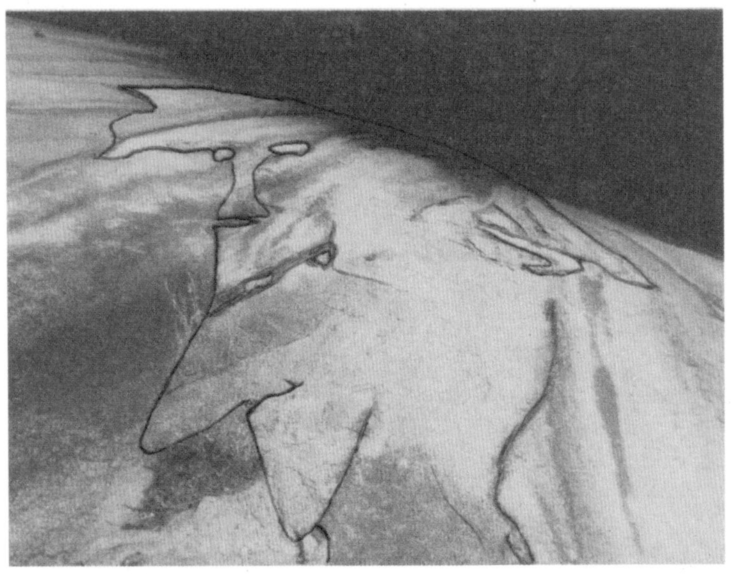

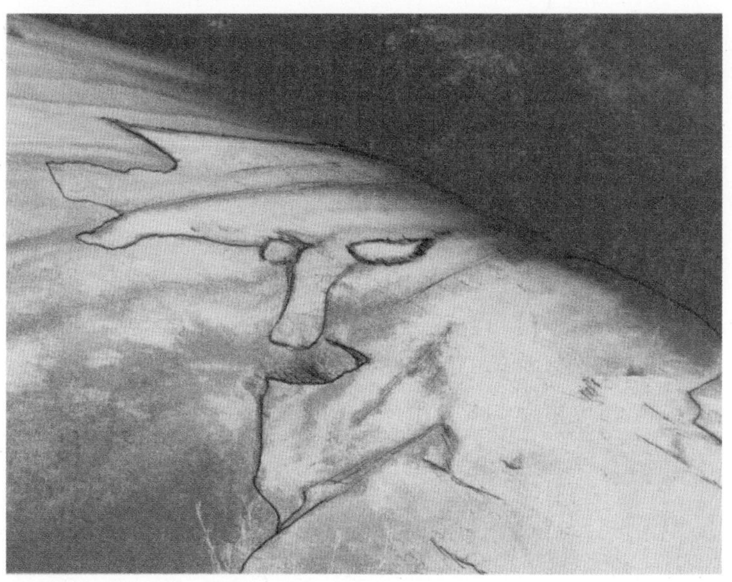

뚜렷한 인물상

5. 다듬어진 산하

변광현의 『고인돌과 거석문화』 서문에는, 강화 부근리 고인돌에 대해 언급하며, "이상하게도 우리나라에서는 이와 비슷하게 생긴 바위 덩어리들을 전국 어디서나 볼 수 있으며, 산에 수없이 깔려져 있는 여느 바위와 같이 너무도 흔한 것이어서"라고 의문을 표하고 있는데, 우리나라 산과 계곡에는 수많은 바위가 첩첩이 쌓여 있거나, 의외의 곳에 크고 작은 바위들이 생경하게 놓여있는 경우가 많다.

바위가 많다고 하지만, 전체 산에서는 바위가 드러나 있지 않은 육산이 더 광대한 범위를 차지해, 고속도로를 지나다 보면, 바위가 보이지 않는 산이 계속된다.

이것이 원래의 우리나라 산의 모습일 것이다.

앞에서 산과 계곡의 암반, 옮겨진 바위에 형상을 새기고 있음을 살펴보았는데, 보다 더 먼 거리에서 작천정 부근 산의 암반을 살펴보고, 규모가 큰 바위에 나타난 생명형상을 살펴보자.

이를 통하여 우리나라 산하의 암반이 사람에 의해 그 모습을 드러내고, 바위들이 옮겨져 배치되어 있음이 더욱 명확해질 것으로 생각된다.

436쪽에서 살펴본 많은 생명형상이 나타나 있던 암반에 나타난 형상을 보자.

위 암반에서 바라본 앞산 암반의 형상이다.

암반에 나타난 형상

언양 외곽의 산으로 흰색의 암반이 두 눈과 입을 표시한다.

서울 북악산의 인물상과 유사하다.

나무에 일부가 가려지면 형상이 잘 나타나지 않을 것인데, 바위가 가려지지 않게 나무를 가꾸면 좋을 듯하다.

옮겨진 바위에 새겨진 다양한 유형의 생명형상을 살펴보자.
바위가 쌓여 있는데, 쐐기홈으로 자른 흔적이 뚜렷해 옮겨진 것이 분명하다.

다른 바위 위에 올려져 있는 부처바위의 중간 부분이 분리되어 있는 것처럼 보인다.

위·아래 바위가 정교하게 맞물려 있어 분리된 부분이 선으로 보이는 것일까?

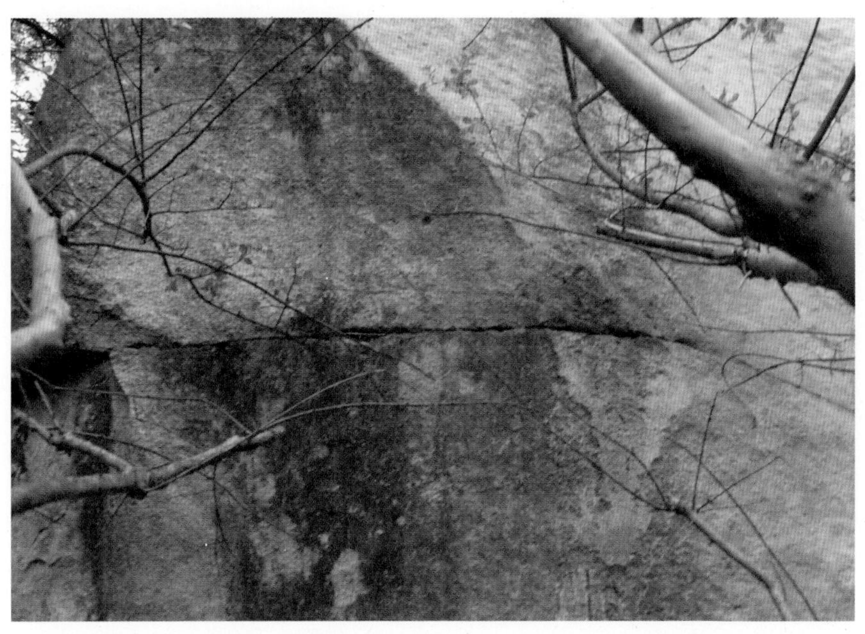

두 바위는 분리되지 않은 하나의 바위이며, 선이 그어진 것이다. 부처바위에 사람의 손길이 작용한 분명한 증거다.

바위가 밀려 내려가 착암기 구멍의 위를 덮은 암반의 위쪽을 살펴보자.

경사진 넓은 암반 윗부분에 두 바위가 놓여 있다.

넓고 평평한 암반 위쪽 끝부분에, 두개의 바위가 놓여 있는, 유사한 형태가 북한산, 도봉산 등 여러 산에서 발견되는데, 자연적인 현상일 수는 없을 것이며, 두 바위는 두 눈을 나타내는 것으로 해석된다.

바위들이 돌에 고여 있거나 올려져 있는데, 풍화혈(타포니)로 알려진 홈이 뚜렷하다. 풍화혈이 눈을 표시해 풍화로 홈이 생성된 것이 아니며, 작천정 암반의 물이 고여 눈의 기능을 하는 구멍과 크기와 형태만 다를 뿐, 형성요인과 기능이 같음을 알 수 있다.

동물형상의 바위이다.

넓은 암반 위에 놓인 인내천(人乃天: 사람이 곧 하늘이다)이 쓰여 있는 바위가 눈의 기능을 한다.

인내천(人乃天)이 적혀 있다.

글씨는 1915년에 새겨졌다 한다.

큰 두꺼비가 앉아 있는 듯하다.

풍화혈이 파여 검은 색감과 함께 형상을 이룬다.

언양 고인돌과 유사한 형상은 언양 고인돌과 동일 주체에 의해 이 바위가 이 곳에 위치함을 추정케 한다.

규모는 언양 고인돌을 크게 능가한다.

풍화혈이 나타난 인내천 바위 옆에, 앞에서 살펴본 풍화혈이 나타난 세 바위가 있다.

풍화혈이 나타나 있는 바위들이 한 곳에 모여 있는 것인데, 모두 옮겨왔을 것이다.

풍화혈이 나타난 세 바위처럼, 인내천 바위도 바닥 암반에서 분리된 개별바위인데, 인내천 바위의 높이와 산의 경사를 비교하면, 암반에서 분리된 것이 아니며, 다른 곳에서 옮겨온 바위로 보인다.

산 위의 경사진 암반 위에 놓여 있는 이렇게 큰 바위가, 고인돌처럼 옮겨져 배치된 것이라, 어느 누가 상상할 수 있을까?

맺는 글

처음엔 드러나지 않는 것이 신기했으나, 지금은 드러날 수 없었다고 생각된다.

가장 큰 이유는, 그 모든 것을 사람이 행하는 것이 불가능해 보이기 때문이다.

현대인의 자만심도 큰 이유일 것이다.

지금의 문명이 최고로 발달한 것으로 규정하며, 현대에 할 수 없는 일을 과거에 행하는 것은 불가능하다고 여긴다.

더구나 인내천(人乃天)이 쓰여진 바위처럼 큰 바위가 옮겨진 것이라고는 상상할 수도 없다.

인내천(人乃天) 바위의 존재는, 글자 뜻대로, 사람이 하늘과 하나 되려 노력하는 과정에서 나온 것은 아닐까?

현대인은 인내천(人乃天)을 다르게 적용하여 실생활에 끌어들이고, 이 때문에 자만해진 듯하다.

스스로를 하늘처럼 귀하다 여기며, 스스로의 행복을 위해 다양한 욕망을 추구하는 것을 당연시하고, 육체에 따르는 욕망에도 적극적이다.

모든 종교와 성현은 한결같이 지나친 욕망의 추구를 경계했는데, 현대인들은 이를 무력화시키려는 시도를 다양하게 전개한다.

어린아이들의 욕망에도 관대해져, 어린이를 대상으로 한 광고가 성행한다.

절제력과 판단능력이 없는 아이들이 입맛만을 좇아, 과자·햄·치킨·음료수 등 첨가물이 많이 들어간 가공식품, 튀긴 음식 위주로 먹으려 하며, 고집을 부리게 된다.

어릴 때부터 온갖 첨가물에 노출되니, 건강하지 못할 것은 자명하며, 자제력이 약해져 더욱 욕망을 추구하게 된다.

오랫동안 제한된 육류를 섭취해온 우리 민족이 과도한 육류와 동물성 단백질을 섭취하여, 각종 성인병이 증가하고, 20~30대의 암발생률이 증가하고 있다.

육류와 동물성 단백질의 섭취로 키와 몸집이 커지니, 건강도 좋을 것이라 생각하는데, 실상은 반대의 결과로 나타나고 있는 것이다.

키가 크면 나이 들어 몸 건사하기가 버겁다는 말이 있는데, 질병에 취약한 상태라면 상황은 더 안 좋아진다.

현재 평균수명이 크게 늘어나 장수하는 지금의 노인세대는, 어릴 때와 성장기 때, 가공식품은 물론 육류를 소량만을 섭취했음을 기억해야 한다.

자만심의 영향은 음식뿐 아니라, 모든 방면에 걸쳐 과도한 욕망의 추구로 나타나고 있다.

그 결과는 눈에 보이지 않는 정신적 건강뿐만 아니라, 눈에 보이는 육체의 건강 저하로 나타나, 건강하지 못한 부모에서 건강하지 못한 아이가 태어나는 순환의 고리가 점차 형성될 것이다. 특히 음주와 흡연은 그 영향력이 지대해 출산이 마무리된 이후 접하는 것이 바람직하다.

공자가 작은 죄를 크게 처벌하여 큰 죄를 막는다고 말하였다 하는데, 죄를 짓지 않도록 하는 것이 가장 큰 인권이며, 죄의 근원인 욕망을 부추기는 행위는 큰 죄가 됨을 자각해야할 것으로 보인다.

생명형상의 존재를 알리려 할 때, 기성세대 뿐 아니라, 젊은 사람들이 진취적 사고를 하지 못하고, 기존 이론의 틀을 맹종하는 것으로 느껴졌다.

현대문명의 사조를 그대로 수용하며 추종하는 것이다.

주입식 입시 교육으로 다양한 경험이 적고, 명상의 시간을 갖지 못한다면, 주체적 사고 능력이 길러지지 않을 것이다.

'왜 생명형상을 새겼을까?'에 대한 답은 자명해 보인다.

할 수 있는 능력이 있었기 때문에 행하였다는 것이다.

아름다운 경치를 창조하듯이 꾸밀 수 있는 능력과 시간적, 경제적, 사회적 여건이 갖추어져 있다면 그렇게 하는 것이 인지상정일 것이다.

초고도의 문명이 선한 의지를 발현하여 아름다운 지구의 경치를 창조하였다는 결론이다. 그 문명이 준비가 된 현대인이 알아 볼 수 있도록 여러 흔적을 남겨 놓으셨다.

고대 초고도 문명의 증거

발행일 2018년 5월 1일

지은이 유자심
펴낸이 유영미
펴낸곳 인왕출판사
출판등록 2015-000335
주소 서울시 마포구 상암산로 1길 24, 404동 1001호
전화번호 02-308-2356 팩스 02-308-2356

ISBN 979-11-956665-3-9 03910